ANALYSEN UND REFLEXIONEN
Band 37

Ingeborg Scholz

Heinrich Mann

Abdankung

Der Untertan

Interpretationen und methodisch-didaktische Hinweise

Joachim Beyer Verlag – 8607 Hollfeld/Ofr.

4. veränderte Auflage 1987
ISBN 3-88805-038-3

Druck: Beyer Druck, Eiergasse 13, Hollfeld

INHALT

VORWORT

Heinrich Mann gehört zu den Autoren, die in ihren Werken eine kritische Einstellung zu ihrer Zeit und im besonderen zur Gesellschaft in ihrer Zeit eingenommen haben. Wie wir von ihm selber wissen, war es seine Absicht, die Zeit der Jahrhundertwende kritisch zu kommentieren und der Wilhelminischen Epoche den Spiegel vorzuhalten. Wieweit es sich in der Sache um einen „Spiegel" oder um einen „Zerrspiegel" handelt, soll im Verlauf der Untersuchung beleuchtet werden. Zunächst geht es hier lediglich darum, festzuhalten, daß vom Autor selbst der über-ästhetische Gesichtspunkt vordergründlich gesehen und der Primat von Zeit- und Gesellschaftskritik — zumindest in einer mittleren und späteren Lebensphase — vor ästhetischer Wertung festgelegt wird, wie eine briefliche Notiz vom 3. April 1922 ausweist: „Durchweg sind meine Romane soziologisch." Das bezieht sich natürlich in besonderem Maße auf den Roman „Der Untertan", der als ein Beispiel politisch-soziologischer Satire gilt, wie sie in der deutschen Literatur kaum ihresgleichen hat. Dennoch gibt es auch eine Aussage Heinrich Manns über dieses Werk, die eine solche Feststellung zu sprengen scheint: „Als Verfasser eines romanhaften Leitartikels möchte ich nicht fortleben."[1]

So sehr sich also Heinrich Mann zu diesem Zeitpunkt in erster Linie als politischer Schriftsteller verstanden hat, so ist dennoch der Aspekt der ästhetischen Betrachtung und Beurteilung nicht auszuklammern. In beiden Bereichen wird sich demnach der Weg unserer Untersuchung bewegen, nach beiden Gesichtspunkten werden wir das vorliegende Werk ins Auge fassen und uns zugleich mit den Urteilen auseinandersetzen, die diesen in unserer Gegenwart aus be-

[1] Heinrich Mann, zit. bei Klaus Schröter, Zu Heinrich Manns „Untertan", In: Texte Metzler 17, S. 38

greiflichen Gründen höchst interessant gewordenen Gegenstand betreffen. —
Wir haben der Analyse des ,,Untertans'', der als ein Beispiel zeitkritischer Satire das eigentliche Thema des vorliegenden Bandes ist, eine Untersuchung der Kurznovelle ,,Abdankung'' vorangestellt, da in diesem Miniatur-Prosawerk, gerafft und konzentriert, das Hauptmotiv des Untertan-Romans, die Studie der Macht, in exemplarischer Weise gestaltet ist. Beide Werke werden nicht nur als historische Quellenobjekte nach dem ,,Was'' ihrer gedanklichen Aussage und nach ihrer Polemik befragt. — es wird zugleich untersucht, inwiefern Gattung und Stil durch sie geprägt werden, welcher erzählerischer Mittel sich der Autor bedient, welchen Platz dieses Werk in der zeitgenössischen Romanliteratur einnimmt. Daß Rezeptionsprobleme und Fragen der Wirkungsgeschichte mit berücksichtigt werden, ist bei der besonderen Beschaffenheit der Romane Heinrich Manns von der Sache her gegeben und notwendig. —

Heinrich Mann: Wirkungsgeschichte

Heinrich Mann wird allgemein als Hauptvertreter, gelegentlich sogar als Initiator der nicht allzu breiten Tradition des politischen Romans in Deutschland angesehen. Aus dieser Gegebenheit leitet Wilfried Barner ab, daß die Wirkungsgeschichte seiner Romane z. T. etwas verzögert einsetzt.[2] ,,Der Untertan'', kurz vor Ausbruch des Ersten Weltkriegs vollendet, dann partiell veröffentlicht und schließlich 1916 als Privatdruck erschienen, fand aus verständlichen Gründen erst 1918 allgemeine Resonanz, und zwar gleich mit einer Stückzahl von 100000, wie man gemeinhin lesen kann. (André Banuls[3] weist allerdings — auf Grund einer Auswertung der bibliographischen Arbeit von Edith Zenker — darauf hin, daß für eine solche Höhe der Stückzahl kein Beweis zu erbringen sei. Er kommt zu dieser Schlußfolgerung auf Grund einer Bemerkung, die Klaus Schröter in seiner Besprechung dieser Bibliographie im Hessischen Rundfunk am 5. Juli 1968 gemacht hat.) —
Es war immerhin ein beachtlicher Publikumserfolg, der Heinrich Mann mit einem Schlage einer breiteren Öffentlichkeit zugänglich machte. Damit ist nicht gesagt, daß er bis dahin auf der engeren literarischen Szene unbekannt war, — im Gegenteil! Benn weist in seiner bekannten Rede zur Feier des sechzigsten Geburtstags Heinrich Manns auf den nach seiner Meinung geradezu sensationellen Einfluß hin, den die ersten Bücher des Autors auf die junge Generation um die Jahrhundertwende ausgeübt haben. Benn berief sich allerdings bei seinem Lobeshymnus auf H. Mann: ,,Ich feiere den Meister, der uns alle schuf.''[4] allein auf das Romanwerk der Frühzeit, auf jene literarische Periode, die man

[2] vgl. Wilfried Barner, Wirkungsgeschichte u. Tradition, In: Literatur und Leser, S. 90, Reclam Stuttgart 1975

[3] vgl. André Banuls, Heinrich Mann, Kohlhammer V. 1970, S. 17

[4] Gottfried Benn, Rede zu H. Manns sechzigstem Geburtstag am 23. März 1931, in: Provoziertes Leben, Ullstein Bücher, 1957, S. 93-101

die ,,artistische" zu nennen pflegt. In diese Frühzeit fallen neben einer Reihe von Novellen die Romane ,,In einer Familie" (1894), ,,Im Schlaraffenland" (1900), ,,Die Göttinnen oder die drei Romane der Herzogin von Assy" (1902/3), ein Roman, der uns Heutigen als Inbegriff der Fin-du-Siècle Literatur erscheint. Letzterer galt als das bedeutendste Werk dieser frühen ästhetischen Phase, von dem der vielleicht stärkste Einfluß auf Manns Zeitgenossen ausging und auf das sich Benns Lobeswort vor allem bezieht. Rilke, der damals die Novelle ,,Pippo Spano" und die Romane für sich entdeckte, äußerte sich ähnlich emphatisch. Es ist die Periode seiner literarischen Frühzeit, in der Heinrich Mann sein bestimmtes Publikum hatte und in der er zu einer bekannten und renommierten Persönlichkeit wurde, wenn er auch das große Publikum damals nie ganz erreichte.
Aber Manns Entwicklung führt vom skeptischen Ästhetizismus und ,,Dilettantismus" weg zu der Forderung nach der ,,geistigen Tat", — bis zur radikalen Trennung von Ästhetik und Rhetorik in seinem Roman ,,Die kleine Stadt" (1910), ein Werk, das selbst die schärfsten Kritiker Heinrich Manns als ein vollendetes Kunstwerk betrachten. In diesem Roman hat Heinrich Mann sein gesellschaftskritisches Ideal verkörpert; das Werk ist, wie es in einem Brief H. Manns an René Schickele heißt, ,,politisch zu verstehen als das Hohe Lied der Demokratie".[5] Zur selben Sache heißt es noch einmal: ,,Dieses Werk, das am Ende des Weges steht, der durch sechs Romane hindurch, von der Behauptung des Individualismus zur Verehrung der Demokratie geführt hat ..."[6] Damit wendet sich Heinrich Mann — wenn auch vor der Kulisse Italiens — der politisch-soziologischen Zielsetzung zu, die sich dann in den folgenden Romanen ,,Professor Unrat" und in der sogenannten ,,Kaiserreich-Trilogie" (1. Teil:

[5] zitiert in: Heinrich Mann 1871-1950 (= An. 2) S. 121

[6] zitiert in: Heinrich Mann, ebda, S. 122, Autobiographische Vorbemerkung zu ,,Frankreich, Aus einem Essay" (,,Voltaire" und ,,Goethe")

,,Der Untertan"), — mit Hilfe von Groteske und Karikatur — zu bitterböser Geellschaftssatire steigert.
Besonders mit dem ,,Untertan" bezieht der Autor sich eng auf die zeitgenössische Wirklichkeit mit der Absicht, die Physionomie des Wilhelminischen Zeitalters herauszustellen. Wie bereits angemerkt, erweckte der Roman bei seinem partiellen Erscheinen im ,,Simplizissimus" Aufsehen genug, denn ,,Ansehen und Wirkung waren im wilhelminischen Zeitalter durch Opposition sehr wohl zu erlangen".[7] Aber der Ausbruch des Krieges stoppte vorerst die Publizierung, und erst nach seinem Ende kam der bereits erwähnte triumphale Publikumserfolg. Heinrich Mann hatte allerdings manches dazu getan, das von Anfang an spürbare Echo des ,,Untertans" in der Öffentlichkeit vorzubereiten: Auszugsdrucke in den Zeitschriften ,,Simplizissimus" und ,,März" und ein Vorabdruck in der Münchener Illustrierten ,,Zeit im Bild" gingen der späteren Buchausgabe voraus. Es kommt hinzu, daß Heinrich Mann als literarisches Vorbild galt und daß sein Auftritt in den verschiedenen Zeitschriften (z. B. ,,Plan", ,,Das Forum", ,,März", ,,Die weißen Blätter" u. a.) von der jungen Generation ihrer Mitglieder als Rückhalt für ihre programmatischen Bestrebungen begrüßt wurde. Lorenz Winter sagt dazu: ,,In den Artikeln, Geschichten und Gedichten dieser jungen Leute, die grundsätzlich alles anfeindeten — Kaiserhaus und Sozialdemokratie, Presse und Zensur, Militär und Friedensgesellschaften, Profitgier und Steuergesetz, Unternehmerverbände und Arbeiterkreise — wurde die Verbindung von politischem Liberalismus und kulturellem Konservatismus bis zur äußersten Radikalität vorgetrieben. Ein anarchischer Drang zur Tat um jeden Preis vereinte sich mit esoterischen Vorstellungen von einer ,,Weltherrschaft des Geistes."[8]

[7] André Banuls, Heinrich Mann, a.a.O., S. 16
[8] Lorenz Winter, Heinrich Mann und sein Publikum, In: Kunst u. Kommunikation, Bd 10, Köln u. Opladen 1965, S. 52

Erst in den Jahren vom Beginn der Weimarer Republik bis zur Machtergreifung wurde Heinrich Mann zur öffentlich anerkannten Persönlichkeit, die politisch wirken konnte und deren Stimme bei keiner Verfassungsfeier fehlte. Er reiste als geistiger Botschafter Deutschlands nach Frankreich, hatte eine Begegnung mit Masaryk (1924) und nahm 1926 an der Gründung der literarischen Abteilung der Preußischen Akademie der Künste teil. 1931 wurde er zum Präsidenten der Akademie gewählt; der Film ,,Der blaue Engel" (nach seinem Roman ,,Professor Unrat" bei der Ufa gedreht) machte ihn in Deutschland und im Ausland weithin bekannt. Sein sechzigster Geburtstag wurde zur literarischen Feier der Nation. Dann kam im Jahre 1933 die politische Wende, die die Zeit seines Wirkens in Deutschland beendete. Er wurde von der nationalsozialistischen Presse scharf angegriffen und schon 1933 aus der Akademie der Künste verwiesen. Er verließ Deutschland und ging im Umweg über Frankreich (Nizza) nach Kalifornien in die Emigration. —

Daß ein solches Abbrechen der Verbindung zwischen Autor und Publikum rezeptions-ästhetisch verheerende Folgen haben würde, ließ sich nach Barners Meinung voraussehen: ,,Die scheinbar bloß äußerliche Tatsache der Isolierung des Autors von seinem bisherigen Publikum und später — nach dem Krieg — die ungünstigen Bedingungen für eine Wiederaufnahme der unterbrochenen Tradition (nicht zuletzt aus politischen Gründen) müssen in der Beurteilung der Wirkungsgeschichte mit einbezogen werden".[9]

Es ist zumindest zweifelhaft, ob bei einer Rückkehr nach Deutschland nach dem Kriege literarisch ein neuer Anfang möglich gewesen wäre, selbst wenn dem Publikum sein Name vielleicht sogar noch geläufig war. Aber zwischen dem Verfasser des ,,Untertan" und des ,,Professor Unrat" und dem Autor des umfangreichen historischen Romans ,,Henri

[9] Wilfried Barner, Wirkungsgeschichte und Tradition, a.a.O., S. 91

quatre", der mittlerweile entstanden war, gab es für den Leser keinen lebendigen Zusammenhang mehr.
Was das Exil in Kalifornien betrifft, so waren dort die Möglichkeiten literarischer Fortwirkung wenig gegeben. H. Mann erhielt wie andere emigrierte deutsche Schriftsteller einen Vertrag als scriptwriter bei der Filmgesellschaft ,,Warner Brothers", der aber nach einem Jahr wieder aufgekündigt wurde. ,,Der Untertan", für den deutsche Leser auch nach der wilhelminischen Zeit, historisch gesehen, noch interessant und vom Satirischen her möglicherweise noch aktuell, konnte dem ausländischen Leser wenig bedeuten. Nach Schluß des Krieges orientierte sich H. Mann nach Ost-Berlin. Man versprach ihm dort Neuauflagen seiner Werke. Die Neuverfilmung des ,,Professor Unrat" wurde von der DEFA unternommen. Man verlieh ihm den Nationalpreis I. Klasse und ernannte ihn zum Präsidenten der Akademie. Diese Zeichen der Anerkennung und Erinnerung bestärkten ihn in seinem Entschluß, der Aufforderung Ost-Berlins zu folgen und sich dort niederzulassen. Doch starb er vor der Durchführung seines Planes am 12. März 1950. ,,Eine gnädige Lösung", urteilte sein Bruder Thomas Mann, ,,denn an seine Übersiedlung nach Berlin wollte er glauben und glaubte im tiefsten doch nicht daran, daß er dem Unternehmen noch gewachsen sein werde."[10]
Wenn wir aus der Perspektive der unmittelbaren Gegenwart einen Blick auf die Wirkungsgeschichte dieses Autors werfen, so kommen wir zu ähnlichen Feststellungen wie Lorenz Winter: ,,Wer heute überhaupt im breiten Publikum von Heinrich Mann spricht, nennt zuerst drei Titel: den Film ,,Der blaue Engel", die Romanvorlage ,,Professor Unrat" und vielleicht noch den inzwischen ebenfalls verfilmten Roman ,,Der Untertan". Die im Jahre 1950 hergestellte DEFA-Filmfassung des ,,Untertan" von Wolfgang Staudte (mit Werner Peters in der Titelrolle) ist weitaus werkgetreuer als

[10] Thomas Mann, Brief an Eva Lips vom 30. März 1950

die Ufa-Fassung von Josef v. Sternberg im Jahre 1930. Heinrich Manns politisch-sozialkritisches Anliegen trat naturgemäß stärker in den Vordergrund. Bei der DEFA-Fassung handelt es sich um den Vorgang einer nachträglichen Einverleibung des Autors durch das lesende Publikum."[11]

Die Wirkung des Films, der inzwischen auch über das Fernsehen ausgestrahlt wurde, war beträchtlich. Die Aufnahme des Romans ,,Der Untertan" in die populäre Paper-back-Reihe Dtv (Nr. 256) trug ebenfalls dazu bei, ihn bei einem breiteren Lesepublikum wieder stärker ins Blickfeld zu rücken. Es kommt hinzu, daß die in der Roman-Satire angesprochenen Probleme politischer und zeitkritischer Art — trotz des bereits historisch gewordenen Milieus — gerade in der unmittelbaren Gegenwart relevant sind: Autoritätsprobleme, Rassenprobleme, soziologische Fragestellungen aller Art, mit denen sich gerade unsere Zeit auf den verschiedensten Gebieten auseinandersetzt und die der Tendenz entgegenkommen, das gesellschaftliche Bewußtsein in der Literaturbetrachtung in den Vordergrund zu stellen.

[11] Lorenz Winter, Heinrich Mann und sein Publikum, a.a.O., S. 14

„Abdankung" (1905)

Die Kurznovelle als Vorstudie zum Roman „Der Untertan"

Die Dämonie der Macht als Zentralproblem der Erzählung

„Abdankung" ist der Titel einer 1905/06 im „Simplizissimus" veröffentlichten Kurznovelle Heinrich Manns. 1905 war ein bemerkenswertes Jahr im schriftstellerischen Schaffen des Autors; zu diesem Zeitpunkt erschienen auch die Novellen „Pippo Spano", „Jungfrauen" und der berühmte Roman „Professor Unrat" ebenso wie die Essays über Gustave Flaubert und George Sand.

„Abdankung" fällt in die Periode H. Mannschen Schaffens, die allgemein die „artistische" genannt wird und die mit dem Erscheinen des Romans „Die kleine Stadt" ihren Abschluß findet. Der gesellschaftskritische Aspekt im Sinne politischer Agitation steht noch nicht im Vordergrund wie in den Werken der mittleren und späten Schaffenszeit, so sehr auch das Problem der Macht bereits ins Auge gefaßt wird. Hier ist u. a. die Verbindungslinie zum späteren „Untertan" zu finden; in dieser Hinsicht kann man von einer Art Vorstudie zu diesem Roman sprechen. Beide Werke, die Novelle „Abdankung" und der „Untertan-Roman", sind nicht denkbar ohne Nietzsches Idee vom „Übermenschen", die um die Jahrhundertwende die junge Generation faszinierte, ebensowenig ohne die Psychoanalyse Freuds. Solch eine Auseinandersetzung mit dem Typ des Übermenschen stellt diese Novelle dar; sie ist zugleich eine psychologische Studie von höchstem intellektuellen Reiz und in gleichem Maß ein Beispiel gestalterischer Geschlossenheit, wie es bei Heinrich Mann selten zu finden ist. Aus diesem Grunde erscheint es uns verwunderlich, daß dieses kleine Werk so selten erwähnt, bezw. detailliert ins Auge gefaßt wird; noch mehr erstaunt es uns, daß Sieburg und mit ihm auch Lohner ihm das Attribut ,,geschmacklos'' zuerteilen.[12]

In der Erzählung ,,Abdankung'' diagnostiziert Heinrich Mann in der Pubertätskrise des schmächtigen Jungen Felix die Selbstaufgabe eines tyrannisch gewordenen Geistes im Selbstmord. Die Vorliebe für kranke Außenseiter, wie sie sich in dieser und in anderen Erzählungen (z. B. ,,Schauspielerin'') manifestiert, hat Heinrich Mann — trotz der sonst grundlegenden Andersartigkeit — mit seinem Bruder Thomas gemein. Daher wohl auch die Widmung ,,Meinem Bruder Thomas'' auf dem Erstdruck und die überschwengliche Rühmung der Erzählung durch Thomas in seinem Brief an den Bruder vom 22. Januar 1906.[13] Man hat außerdem auf die Ähnlichkeit von Thomas Manns Novelle ,,Luischen'' mit ,,Abdankung'' hingewiesen.

Die Thematik der Machtdämonie entfaltet sich in einem Geschehen, das im Rahmen des Schulmilieus abläuft, — eines beliebten Milieus übrigens in den epischen Werken der Jahrhundertwende (s. Hesse, Wedekind, Emil Strauß, Thomas Mann u. auch H. Mann (,,Prof. Unrat''). Der Prozeß des sich steigernden Machtrausches vollzieht sich im Innern der Hauptfigur bis zur Wendung der Herrscherhaltung in die korrelative Haltung des ,,Untertan'': Der Titel ,,Abdankung'' bekundet die Umkehr der Machtdämonie in die Dämonie der Unterwürfigkeit. —

Das so deutlich akzentuierte Thema wird mit psychologischer Schärfe und einer sprachlich präzisen, von allen Nebensächlichkeiten befreiten Darstellungsform abgehandelt. Die in kurzen Episoden aufgebaute Handlung bewegt sich um diesen im Titel bezeichneten Wendepunkt in Steigerung und Abfall bis zur Selbstvernichtung: der Autor erreicht hier

[12] vgl. Edgar Lohner, Heinrich Mann, In: Deutsche Lit. des 20. Jahrhunderts, hrsg. v. Friedmann u. O. Mann, Bd II, 1961, S. 86

[13] Thomas Mann, Briefwechsel S. 50, zit. Bei R. Werner, Skeptizismus, Ästhetizismus, Aktivismus, Düsseldorf 1972, S. 358

eine überzeugende Abstraktion des Gegenstandes, die ihn — laut Zimmermann — ,,in die Nähe des Expressionismus rückt.''[14]

Obwohl im Bereich der Schule angesiedelt — Klasse, Klassenbuch, Klassenkameraden, Pult, Lineal, Karzer, Mathematikunterricht sind die Vokabeln, die die Atmosphäre verdichten — bildet die Schule doch nur Hintergrund und Kulisse des Geschehens. Es geht hier nicht — wie im ,,Professor Unrat'' und im 1. Kapitel des ,,Untertan-Romans'' — um die tyrannische Ausübung der Autorität durch den Lehrer; hier wird das Verhältnis des einzelnen zu seinen Klassenkameraden ins Auge gefaßt. Im vorliegenden Fall geht es um das Machtverhältnis des so disponierten Individuums zu der Masse, die hier demonstriert wird als ,,weicher Klumpen, aus dem sich alles machen ließ.'' (S. 533)

Einer solchen Realität gegenübergestellt, vollzieht sich die Unterwerfung der Masse unter den sie durchschauenden einzelnen mit radikaler Folgerichtigkeit. Heinrich Mann zeigt sich hier mit den Erkenntnissen der Tiefenpsychologie wohl vertraut; er entwickelt Felix' Machtdämonie aus dem vorhandenen Minderwertigkeitskomplex, der sich sowohl aus natürlichen wie auch sozialen Voraussetzungen gebildet hat. Es handelt sich bei Felix um einen krassen Fall von Organminderwertigkeit, über deren Wirkung auf die Psyche wir seit Adlers Theorie der Individualpsychologie genau informiert sind: von schmächtiger Gestalt und schwächlicher Konstitution, ist er dadurch den meisten seiner Schulkameraden gegenüber benachteiligt, wodurch von Natur aus sein Selbstgefühl weit unterhalb eines normalen Selbstgefühls ansetzt. Dieses erlebte Minderwertigkeitsgefühl wird bei ihm durch erhöhtes Geltungsbedürfnis kompensiert, er will durch Gewalttätigkeit und Herrschsucht die Geltung bei den Kameraden gewinnen, die ihm die Natur versagt hat. Aus

[14] Werner Zimmermann, Deutsche Prosadichtungen unseres Jahrhunderts (I), Verlag Schwann, Düsseldorf 1966, S. 135

dieser seelischen Lage entwickeln sich Aggression und Wille zur Macht. Im Verhalten des Jungen Felix manifestieren sich in der ausschließlichen Dominanz des eigenen Willens Gefühllosigkeit und Gewalttätigkeit; sie führen, insoweit sie sich hier mit homo-erotischen Gefühlen verbinden, zu Sadismus und Masochismus. Neben den natürlichen Voraussetzungen, die einen Minderwertigkeitskomplex bewirken, weist Adler[15] noch auf die sozialen Voraussetzungen hin, die einen ähnlichen Effekt haben und die ebenso auf Felix anwendbar sind: die Herkunft aus dem kleinen Milieu, die auch hier mit dem kompensatorischen Geltungsbedürfnis gekoppelt sind. ,,Felix aber trug einen gewendeten Anzug; und seit auf der letzten ihrer abenteuerlichen Fahrten sein Vater — er konnte nur ahnen, wie ums Leben gekommen war, beherbergten seine Mutter und ihn drei dürftige Zimmer in dieser Stadt — ..." (S. 533)
Aus dieser Situation des so Benachteiligten manifestiert sich schon in der Eingangsszene Felix' absoluter Herrschaftsanspruch mit allen Zeichen der Hysterie: ,,Wer ist hier der Herr?" schrie er, gerötet und bebend, mit einem Blick, daß der, den er traf, sich in einem Knäuel von Freunden verkroch." Der Machtrausch, so ergibt sich aus der Verhaltensweise des Tyrannen, gehört in den Bereich des Pathologischen; damit wird eingeräumt, daß Macht niemals absolut ist, wie im Text noch zu zeigen sein wird. Die in der o. a. Eingangsszene unternommene Machtprobe geht diesmal zugunsten des Aggressors aus: ,,Felix siegte mit Leichtigkeit." Was ihm selbst ganz im Innern unverständlich bleibt: die so Herausgeforderten und Unterjochten übersteigen ihn, den Herrschenden, an körperlicher Kraft. Attribute wie ,,ein großer Rüpel", der ,,dicke Hans Butt" zeigen die Überlegenheit des Fleisches, das sich der Übermacht nicht einmal bewußt ist: ,,Ihn überkam Staunen, weil sie gehorchten. Sie waren doch stärker! Jeder einzelne war stärker! Wenn dem dicken Hans Butt eingefallen wäre, daß er Muskeln hatte!" (S. 533) Die anschließende Überlegung zeigt

seine Verachtung des Fleisches: ,,Aber das war auch so ein weicher Klumpen, aus dem sich alles machen ließ.'' (S. 533) Er dagegen ist der Wägende, Prüfende, getrieben von der Kraft des Willens: ,,... in dieser Stadt, wo nun geschah, was er wollte.'' (S. 533)

Aber die Macht wird hier nicht nur im intellektuell-moralischen Bereich gesehen, wo Geist und Wille beherrschend sind, — sie reicht auch in die Tiefen des Pathologischen und Dämonischen, wie Heinrich Mann es selbst einmal in dem Roman ,,Die Armen'' definiert hat: ,,Die Macht — das ist mehr als Menschenwerk; das ist uralter Widerstand gegen unser Atmen, Fühlen, Ersehnen. Das ist der Zwang abwärts, das Tier, das wir einst waren. Das ist die Erde selbst, in der wir haften.''[15] Ebenso außerhalb jeder Erklärung bleibt das Phänomen in Felix' Innern; er spricht von jenen ,,Seltsamkeiten, die sich nicht gestehen ließen.'' (S. 537) Der Jünger der Macht erkennt: das Phänomen ist im eigentlichen Sinne ,,dämonisch'', unerklärlich letztlich und unprüfbar. Zu ihm gehört Einsamkeit und Isoliertheit; der Autor spricht von seinem ,,verkrampften, einsamen Lächeln'' (S. 534) und ,,daß er hoch über ihnen schwelge und sie maßlos verachte.''

In der nächsten Szene wird mitgeteilt, wie Felix eine Art von Methodologie der Macht entwickelt: drastische Machtmechanismen werden demonstriert, die ihre Ausübung verdeutlichen und die dazu dienen, die Unterworfenen weiterhin gefügig zu machen und zu erhalten. Er zwingt sie z. B. ,,geringschätzige Namen'' anzunehmen. Namensaufgabe bedeutet Identitätsaufgabe, Auslöschen der Person: es ist ein satanisches Mittel der Selbsterniedrigung. Um die Demütigung vollständig zu machen, müssen die Unterjochten sich mit den Namen ,,Klops'', ,,Lump'' ,,Pithekos'' auch vor den Lehrern nennen, ,,weil Felix es ihnen befohlen hatte.''

[15] vgl. Alfred Adler, Macht u. Liebe, ein Grundproblem einer Psychopolitik, Internat. Ztschr. f. Individualpsychologie, Wien 1949

[15] Heinrich Mann, Die Armen, Werke, S. 289

(S. 533) Der sinnwidrige Befehl aus bloßem Machtrausch wird hier einer angelegtentlichen Studie unterzogen: es sind Praktiken, die im Unteroffiziersverhalten auf den Kasernenhöfen vergangener Zeiten nicht unbekannt waren. Aber Heinrich Mann vermeidet hier jede allzu plump vergleichende tendenziöse Absicht. Dies gehört zu dem besonderen Vorzug der Novelle, — ganz im Gegensatz zum ,,Untertan", dessen satirische Intention den Dingen überdeutlich und allzu direkt auf den Leib rückt. —

In den weiteren Szenen wird veranschaulicht, wie der ,,Herrenmensch", in der Schwebe zwischen Macht und Ohnmacht, in der quälenden Spannung dauernder Machtproben steht, — nicht nur den Sklaven gegenüber, sondern auch gegenüber sich selbst. Die Demonstration der Linealszene — der schnelle Griff nach dem erhitzten Lineal und das willkürliche Zurückzucken — hat in den Augen der beobachtenden Masse seine Autorität in Frage gestellt: ,,Es wird gelacht", heißt es, — eine gefährliche Reaktion für den Machthaber und seine Position. Es kommt zur Perversion der Machtausübung gegen sich selbst: ,,Da nahm Felix das Lineal vom Pult und stieß es in sein aufgerissenes Hemd." (S. 534) Der Sadismus an anderen (z. B. ,,einem anderen einen Tritt in den Bauch geben konnte, so daß er stürzte" (S. 533), schlägt um in grausame Selbstquälerei; Demonstrationen des ,,Mutes zum Schmerz" wie die o. erwähnte Lineal-Szene führen ihn immer höher auf den Gipfel der Macht. Die nächste Episode schließt antithetisch an die vorangehende an: ,,Feuer ist nichts für euch" sagte er, als er nach drei Tagen wiederkam, ,,aber Wasser!". Das geheimnisvolle Spiel mit den Elementen unterstreicht das o. erwähnte Phänomen des Dämonischen, das am Schluß der Erzählung zur Zerstörung drängt. An dieser Übergangsstelle erscheint zum erstenmal das Motiv des Wassers, das Untergehen, Untertauchen, Versinken symbolisiert. Die Erzählung befaßt sich mit Vokabeln des Wassers zunächst aus dem Bereich des Alltäglichen: hier als Gelegenheit erwähnt, die Unter-

jochten unter geradezu rituellen Verrichtungen (Taufe unter der Waserpumpe) zu quälen, wobei zugleich unternommen wird, den knechtischen Gehorsam aus der Beschaffenheit der lenkbaren Masse zu erklären: ,,Sie kamen. Einer nach dem andern duckte sich unter dem Strahl: albern lachend und knechtisch; weil auch der vorige es getan hatte; weil es ein Witz sein konnte; weil Felix zu widerstehen gegen Klugheit und Sitte ging." (S. 535)
In den gleichen Zusammenhang gehören die ,,Perversionen der Machtausübung", wie sie sich in den mystischen ,,Entsündigungen" zeigen, — Phänomene, in denen der tiefenpsychologische Aspekt deutlich zutage tritt. Höhepunkt dieses krankhaften Spannungsverhältnisses zwischen Herrenmensch und Untertan und zugleich Umschlagstelle für die psychischen Polaritäten Sadismus-Masochismus ist die Zwangsneurose des Felix, endlich auch noch zu erproben, ,,wie weit sich's wohl treiben ließ mit ihnen". Psychologisch wird schon vorher die spätere Gegenläufigkeit oder Umkehrung der Entwicklung vorbereitet durch die inneren Monologe der Hauptperson, die mit dem zunächst absurd erscheinenden Gedanken spielt, auch einmal ,,ein gemeines, stumpfsinniges Dasein" zu erfahren und die ,,Wohltat zu erleben," jemand zu haben, der einem Befehle gibt, der einem alles abnimmt." So wird die peinlich berührende Spuckszene — an welcher Stelle das Attribut ,,geschmacklos" allenfalls berechtigt wäre — zum zentralen Ereignis, indem sie die eigentliche ,,Abdankung" veranschaulicht: der Tyrann hat sich unter Anwendung seines ganzen Einflusses der Machtfülle selbst entledigt und wird eines anderen Untertan. Zu diesem Phänomen sagt Heinrich Mann in anderem Zusammenhang: ,,Wer die Macht übt, ist ihr Knecht nicht weniger, als der sie duldet. Der Tyrann (wer wäre nicht Tyrann!) leidet unter der Menschheit, wie sie unter ihm; er erniedrigt sich in denen, die er erniedrigt."[16] Der

[16] Heinrich Mann, Geist und Tat, Essays, München 1963, S. 19

unwürdige Trabant gewinnt Macht über den, dem alle gehorchen, und prahlt nach anfänglichen Hemmungen sogar damit. Die anomale Lust des Felix an todessüchtiger Hingabe, an grausamer Selbstquälerei und erst recht sein ,,Gang zu den Fischen" entlarven ihn als haltlosen Psychopathen und machen tiefenpsychologische Zusammenhänge zwischen Macht- und Todestrieb offenbar.
Wir kommen zu dem Schluß, daß es sich bei der Kurznovelle ,,Abdankung" mehr um eine psychologische als um eine ,,gesellschaftskritische Studie" handelt, wie z. B. Zimmermann[17] es sieht, und wir sind auch nicht Benno v. Wieses Meinung, daß sie vorwiegend agitatorisch zu verstehen sei: ,,Die bewußt übertreibende, ins Groteske verzerrende Darbietungsform ist hier weniger ein Element des künstlerischen Spiels, sondern weit eher ein Instrument des Kampfes, der Auseinandersetzung mit einer negativ beurteilten Wirklichkeit."[18] Dies gilt in besonderem Maße für den ,,Untertan", kaum aber für diese gestalterisch geschlossene und psychologisch vertiefte Erzählung, an der eine so deutlich gesellschaftskritische Tendenz schwerlich abzulesen ist. Zwar suggeriert diese psychologische Studie des Machtmenschen sicherlich Anknüpfungspunkte an historische Erfahrungen der Vergangenheit, die heute weit richtiger verstanden werden können als um die Jahrhundertwende. Jedoch erscheint es uns konstruiert, diese vielschichtige Erzählung allzu simplifizierend als ,,das Modell einer modernen Dikatatur"[19] zu klassifizieren. Eine solche politischtendenziöse Festlegung würde dem geheimnisvollen Schlußteil nicht gerecht. Hier handelt es sich vordringlich um eine Demonstration der dämonischen Todessucht, die

[17] vgl. Werner Zimmermann, Deutsche Prosadichtungen unseres Jahrhunderts (I), Verlag Schwann, Düsseldorf 1966, S. 135

[18] Benno von Wiese, Einleitung zu ,,Deutschland erzählt", Fischerbücherei Nr. 500, S. 12

[19] vgl. Werner Zimmermann, Abdankung, In: Deutsche Prosadichtungen unseres Jahrhunderts (I), a.a.O., S. 141

die Seele des psychopathischen Machtmenschen erfüllt und die die dialogisierten Schlußszenen in iterativer Erzählweise verbindet. Butt, der die Rolle des Befehlenden gegen seine Natur übernommen hat, erteilt im Grunde nur die Befehle, die Felix ihm in den Mund legt und die, von ihm suggeriert, den abgedankten Tyrannen in die Selbstzerstörung führt. Der letzte Satz in ,,Abdankung'' bleibt geheimnisvoll: ,,Der Weg ging doch zu den Fischen hinunter'', — ein faszinierender Schluß, der etwas aussagt, ohne das Ausgesagte preiszugeben, ohne Verrat zu üben an dem, was verschwiegen werden muß.

Aspekte der Gestaltung

Der Titel ,,Abdankung'' zeigt — wie auch bei anderen Erzählungen Heinrich Manns, z. B. ,,Schauspielerin'', ,,Jungfrauen'' — in der Ellipse des Artikels eine gewisse Neigung zur Verkürzung, Raffung, Typisierung; möglicherweise läßt sich darin ein Hang zur Entgrenzung des Gegenstandes in die Abstraktion erkennen. —
Die Kurznovelle beginnt ohne beschreibende oder erklärende Einleitung; der Leser wird durch einen Satz in die Mitte des Geschehens versetzt: ,,Alle wollten Fußball spielen; Felix allein bestand auf einem Wettlauf.'' (S. 532) Schon dieser erste Satz weist durch die Antithetik ,,alle'' und ,,Felix allein'' auf ein Wesensmerkmal der Hauptgestalt hin: auf die Isoliertheit von der Masse. In den nächsten Sätzen wird zum Zweck der Intensivierung der wichtigsten Aussage das Mittel der Wiederholung angewendet: ,,Wer ist hier der Herr?'' folgt zweimal kurz hintereinander. Das Geschehen, — das äußere und das, was sich im Innern der Hauptfigur abspielt

— wird, unterbrochen durch knappe epische Verbindungstexte, weitgehend dialogisiert dargeboten. Innere Monologe der Zentralfigur, die in Form von reflektierenden Bemerkungen in die epischen Passagen eingestreut sind, geben die psychologische Begründung des absoluten Herrschaftsanspruchs und zugleich die Veranschaulichung der immerwährenden Gefährdung der Macht durch jenen „Schwindel der schwankenden Minute, als Ruf und Gewalt auf der Schneide standen." (S. 533) Sprachlich bemerkenswert ist hier die Vorliebe H. Manns für Alliteration. Das Sprachniveau ist in den Dialogen weithin bestimmt durch den Schülerjargon, besonders festgehalten in der Redensart der Trabanten, z. B. „Mir ist es wurscht." Felix selbst enthält sich solchen sprachlichen Sichgehenlassens; er spricht kurz und abgehackt, im Befehlston: „Wer ist hier der Herr?"; „Streck die Zunge raus!", „Leg zwei Finger an die Stirn!" u. ä. Die Sätze sind im allgemeinen kurz und knapp; sie bestehen aus einfachen Hauptsätzen oder zweiteiligen Satzreihen, seltener aus komplizierten Satzgefügen. Das ist im Werke Heinrich Manns — vergleichsweise betrachtet — ungewöhnlich. Den Sätzen fehlt die sonst übliche Überladung durch Partizipien. Nur selten finden sich Verstöße gegen den normalen Sprachgebrauch durch gesuchte Vorstellungen und Bilder, die bei Heinrich Mann in anderen Werken so häufig zu finden sind. In „Abdankung" gibt es nur wenige Beispiele solcher Art, die das Urteil „manieriert" verdienen, z. B. „... und seine erregten Hände kneteten an seinen Gesichten und stießen sie fort." (S. 533) Auch die sprachliche Unart der Sätze ohne Verben („... und auf die Frage: „Wie geht's ihm?" war es Gesetz zu erwidern: „Mäßig"; worauf Felix, mit gekrümmter Lippe: „Es scheint so." (S. 537) hält sich in Grenzen. Wo einmal gegensätzliche Begriffe zusammengefügt sind, z. B. „bittere(r) Begierde" oder „wie in einen lauen Abgrund", „verachtete Wonnen", „entsetzlich süßes Stolzes" (S. 540) dienen sie zur Bezeichnung einer besonderen psychologischen Situation: z. B. im Kontext:

„... versenkte er sich, mit einem erschlaffenden Grauen, in Butt wie in einen lauen Abgrund." Die Situation des willenlosen Hineinfallens in jene amorphe Masse („weicher Klumpen"), unter welchem Bilde Butt gesehen wird, tritt dadurch sehr deutlich hervor.

Im gleichen Zusammenhang steht der Ausdruck „bittere Begierde" für ein widersprüchliches Empfinden. (S. 537) Auffallend ist die Wortwahl, die das Tierische in der Gestalt des Trabanten Butt aufdeckt und die schon die Namengebung bestimmt: „Butt lag mit den Händen unter dem Kopf, blinzelte, schnaufte und genoß." (S. 542) So blinzelt ein Butt wohl wirklich nach seinen Opfern. Wahl der Haupt-und Tätigkeitswörter bewegt sich — im Hinblick auf die zweite (passive) Hauptfigur — im Bereich des Animalischen: „die tierische Apathie des Andern" (S. 537), „Butt grunzte", „gutmütig grunzend", „blinzeln", „schnaufen", „brummen", „träge Gliedmaßen", Butt hing, hingewälzt, an der sonnigen Mauer" (S. 537), „Butts Dunst", die Nähe zum Geruch „erdiger Gemüse" (S. 537). In all diesen Ausdrücken ist der ekelhafte Reiz aufgefangen, der vom Geruch eines Tieres ausgehen kann. Ungewöhnlich ist die Assoziation, die folgender Tiervergleich hervorruft: „... und atmete, wie der Kuckuck rief, leidenschaftlich auf, als sei ihm das Leben geschenkt." (S. 541)

Die Assoziation mit dem Animalischen bestimmt auch den geheimnisvollen Schlußteil der Erzählung, der — als Mittelpunkt — das Motiv „Der Weg zu den Fischen" enthält. Hier gewinnt die Erzählung eine atmosphärische Dichte der motivischen Bezogenheit, die sich in der sprachlichen Knappheit der Sätze ausdrückt. Die Frage: „Butt, wohin geht der Weg?" wird in iterativer Weise leitmotivisch behandelt: fünf Mal hintereinander wird sie in kurzen Abständen wiederholt. Die Antworten bewegen sich (in unfertigen Satzfetzen), von suggestiven Vorschlägen des Felix vorangetrieben, der endgültigen, ultimativen Antwort zu: „Zu den Fischen hinunter geht er." (S. 542) Ein glänzender Schluß der Erzählung, die im Verschweigen endet und deren sprachliche Knappheit und Geschlossenheit der psychologischen Schärfe der Aussage kongenial ist. –

„Der Untertan"
(Geschichte der öffentlichen Seele unter Wilhelm II.)

Einordnung des Romans in die Tradition der politisch-soziologischen Literatur in Deutschland

Das Feld des deutschen Schrifttums ist seit dem Ende des 19. Jahrhunderts nahezu unüberschaubar geworden. Zwar sind die Umrißlinien des Naturalismus und Expressionismus noch einigermaßen klar erkennbar; doch schon die Fragen nach ihrem Zusammenhang würden kaum eindeutige Antworten finden können. Ebensowenig ist das zeitliche Nebeneinander der verschiedenen Stile des 20. Jahrhunderts heute schon zu überblicken. Wolfgang Koeppens politisch-soziologischer Zeitroman „Tauben im Gras" (1951) steht Alexander Döblins fast 30 Jahre älteren „Berlin Alexanderplatz" näher als mancher Roman seiner unmittelbaren Zeitgenossen. Obwohl sie im selben Jahr veröffentlicht wurden, haben die im katholischen Glauben verankerten Romane Enrica Handel-Mazettis und Robert Musils „Die Verwirrungen des Zöglings Törleß" ebensowenig gemeinsam wie Kolbenheyers „Paracelsus-Trilogie" und Heinrich Manns „Untertan".[20]
Literarisch gesehen, ist der Beginn der Moderne in der Phase von 1890-1919 anzusiedeln. Dies ist ein entscheidender Wendepunkt, von dem Wirkungen über ganz Europa ausgingen, — eine Art literarischer Revolution, die den Anstoß zu neuen Anfängen der literarischen Entwicklung gegeben hat. In der Epoche entstanden nicht nur Werke, die überzeitlichen Wert haben, in ihr wurden auch neue Strukturen, Formen und Gehalte geschaffen, die bis heute spezifische Merkmale moderner Literatur geblieben sind. Zimmermann

[20] vgl. Werner Welzig, Der deutsche Roman im 20. Jahrhundert, Stuttgart 1967, S. 11

weist darauf hin, daß verglichen damit die Zäsur in der Literatur nach 1945 viel weniger einschneidend erscheint: „Hier werden zumeist geistige Einstellungen und literarische Stile, deren Ansätze auf die Jahrhundertwende zurückgehen, wieder aufgenommen und auf Grund neuer Erfahrungen und unter Einwirkung ausländischer Literaturen weiterentwickelt oder umgeformt."[21] Daraus ergibt sich die Schlußfolgerung, daß die Kenntnis des literarischen Umbruchs um 1900 und jener Werke, in denen die Wirklichkeit der Zeit künstlerisch dargestellt wird, das Verständnis und die richtige Einschätzung der jüngsten deutschen Literatur erleichtern könnte. —

Ansatzpunkt für die literarischen Strömungen um die Jahrhundertwende ist Nietzsches „Umwertung aller Werte"; von hier aus entwickelten sich Protesthaltungen gegen das unechte klassisch-romantische Epigonentum des späten 19. Jahrhunderts. Zugleich sind sie ausgerichtet auf einen gesellschaftskritischen, ja gesellschaftsfeindlichen Aspekt, der den Tenor vieler Romane der Jahrhundertwende bestimmt. In diesem Zusammenhang ist das schriftstellerische Werk Heinrich Manns zu nennen, der, im Jahr der Reichsgründung geboren, zum schärfsten Kritiker der Wilhelminischen Epoche geworden ist. Wenn von Zeitkritik im eigentlichen Sinne in dem rund 20 Romane umfassenden Werk Heinrich Manns die Rede ist, so bezieht sich das vordringlich auf seine mittlere Schaffensperiode, in deren Zentrum die Romanreihe „Das Kaiserreich" steht.

Im Grunde von früh an ähnlichen Gedankengängen treu, durchlief Heinrich Mann die Stufen vom Großbürgersohn, Liberalisten und übernationalen Demokraten bis zum Kommunisten, entwickelte sich künstlerisch vom Standpunkt des „l'art pour l'art-Prinzips" zur „littérature engagée", vom Darsteller des Lebensrausches zum Kritiker seines Zeit-

[21] Werner Zimmermann, Deutsche Prosaschriften unseres Jahrhunderts, Interpretation Teil 1, Düsseldorf 1966, S. 65

alters, vom Künder einer erneuerten Renaissance-Kultur zum politischen Moralisten. Literarisch beeinflußt war er durch Italiener wie Goldoni und d'Annunzio, noch stärker von den Franzosen Stendhal, Balzac, Flaubert, Maupassant, vor allem aber auch in seiner späteren Phase von Zola. Höhepunkt von Manns Frühwerk, der Roman ,,Die kleine Stadt'', steht schon im Zeichen der Überwindung des Individualismus und zeigt die geistige Wendung zum Demokratischen. Erst mit der Romanfolge ,,Das Kaiserreich'' entschied sich jedoch Heinrich Mann eindeutig für die ,,littérature engagée''. Der Roman ,,Der Untertan'' kündigt den politisch-soziologischen Aspekt in seinem Titel programmatisch an. Die zeitkritische Satire auf die Wilhelminische Gesellschaft, unter welchem allgemeinen Begriff wir den Roman terminologisch bestimmen wollen, beschäftigt sich vor allem mit dem Verhältnis dieser Epoche zur Autorität, insbesondere zur staatlichen Macht. Das Problem der Stellung des Untergebenen innerhalb der Wilhelminischen Gesellschaft in der Darstellung der Beziehungen zwischen Eltern und Kindern, Bürgern und Arbeitern steht im Mittelpunkt des Geschehens, wie schon als Teilaspekt in H. Manns früherem Roman ,,Professor Unrat''. In dieser Thematik folgt er seinem Vorbild, dem Dramatiker Frank Wedekind: man hat Heinich Mann gelegentlich ,,den Wedekind des Romans'' genannt. Der Dogmatiker und der Moralist verbarg sich — bei Wedekind und bei Heinrich Mann — oft hinter der Maske des Clowns. Beide benutzen die Mittel extremer Groteske und des Sensationellen mit Blick auf die Gesellschaft, die sie anprangern. Im Bereich des Politischen sind Wedekinds Spottgedichte gegen den Kaiser zu nennen, die er als ,,Hieronymus'' im ,,Simplizissimus'' veröffentlichte, — auch hier eine nicht zu übersehende Parallele zu Heinrich Mann.[22)]

22) vgl. Klaus Mann, Prüfungen, München 1968, S. 224-26

Im Jahre 1926 sagt Heinrich Mann, auf seine Anfänge als Romancier zurückblickend: ,,Es ist notwendig, soziale Zeitromane zu schreiben. Diese deutsche Gesellschaft kennt sich selbst nicht. Sie zerfällt in Schichten, die einander unbekannt sind, und die führende Klasse verschwimmt hinter Wolken."[23] Durch diese hier geäußerte Meinung wird evident, daß Heinrich Mann die Rolle des politischen Moralisten expressis verbis als Aufgabe übernommen hat; sie beherrscht seitdem sein schriftstellerisches Werk, das in weit stärkerem Maße zeitgebunden ist als das anderer Schriftsteller seiner Epoche; wir denken hier z. B. an Alfred Döblins Roman ,,Berlin Alexanderplatz". H. Mann fühlt sich als Sprecher seiner Generation, als Warner gegen eine offiziell angeordnete oder zumindest geduldete Meinung, als Wegbereiter einer neuen und besseren Zukunft. Es ist selbstverständlich, daß mit einem so definierten Literaturverständnis auch eine feste politische Meinung verbunden war. Zwei Grundzüge treten schon in seiner frühen Zeit hervor, die Mann bis zum Lebensende hin verfochten hat: die Idee einer republikanischen Demokratie und der Gedanke einer übernationalen Organisation Europas. Weitaus direkter als in seinen Romanen erscheinen diese Ideen in seinen zahlreichen Essays, die in sehr deutlicher Beziehung zu seinen fiktiven Werken stehen. Naturgemäß thematisch enger gefaßt, erweisen sich hier die Thesen des Autors schärfer akzentuiert als im Romanwerk. In direktem Bezug zum ,,Untertan" ist neben anderen der Essay ,,Das Kaiserreich und die Republik" zu nennen, dessen geschichtsphilosophische Konzeption den Hintergrund des Romans bildet. —

[23] Heinrich Mann, Theater der Zeit, In: Sieben Jahre. Chronik der Gedanken und Vorträge 1921-1928. Berlin 1929. S. 267

Komposition und Handlungsablauf des Romans

Das bekannte Modell des bürgerlichen kritisch-realistischen Romans des 19. Jahrhunderts galt als Vorbild; gewisse Anknüpfungspunkte gehen bis ins 18. Jahrhundert zurück. — Die Konstruktion ist leger: das in sechs Kapitel gegliederte Buch, analog dem formalen Muster eines Bildungsromans und mit autobiographischen Anspielungen auf Heinrich Manns Heimatstadt Lübeck (im Roman als ,,Netzig" nominiert), wird die Lebensgeschichte des Bürgers Diederich Heßling von seiner Kindheit und Jugend an, über seine Studienjahre in Berlin bis zur Rückkehr nach Netzig erzählt. Die sechs Kapitel des Romans sind wiederum in locker gefügte Episoden unterteilt; Dialoge überwuchern stellenweise das epische Geschehen; sie dienen in ihrer besonderen Terminologie der direkten Charakteristik des in ihnen veranschaulichten Sachverhalts. —

Diederich Heßling, die Titelfigur des Romans, ein durchaus mediokrer Typ, wird in einer kongenialen Umwelt vorgeführt. Er ist der Sohn eines Papierfabrikanten in Netzig; der Autor verweilt im 1. Kapitel in detailfreudiger, drastischer Darstellungsform bei den frühen Erfahrungen und Angstträumen des weichlichen Kindes, dessen autoritäre Erziehung in Elternhaus und Schule jene servile Verehrung der Macht zeitigt, die seinen weiteren Entwicklungsgang in entscheidender Weise beeinflußt. Die nächste Station auf dem Lebens- und Entwicklungsweg des Untertans ist seine Studienzeit in Berlin, die dem Autor Gelegenheit gibt, die Einflüsse darzulegen, die ihn prägen: Erfahrungen des Studenten in Berlin als Korpsstudent der ,,Neuteutonia", die Liebesaffaire mit Agnes Göppel, der Tochter eines Geschäftsfreundes seines Vaters, die sehr entscheidende Beeinflussung durch national-konservative Massenstimmung (s. die erste Kaiserbegegnung aus Anlaß einer Demonstration ,,Unter den Linden"), vor allem auch das Dasein eines verkappten Drückebergers während seines Militärdienstes.

Nach Beendigung des Studiums mit Abschluß seiner Ausbildung durch die Promotion kehrt Diederich Heßling, geprägt durch die Korporation, durch den, wenn auch abgebrochenen, Waffendienst und durch die Luft des Imperialismus, die er in Berlin an Ort und Stelle geatmet hat, in seine Heimatstadt Netzig zurück, wo er die Fabrik seines inzwischen verstorbenen Vaters übernimmt. Die Titelfigur wird nun im Verlauf der Handlung fast ausschließlich in ihrem heimatlichen Aktionskreis vorgeführt: als Tyrann in Betrieb und Familie, als Agitator am Stammtisch, als Eiferer gegen das Proletariat, der selbst die Erschießung eines Demonstranten begrüßt, und vor allem als Verfechter der nationalistischen Politik des Kaisers, den er in allen Einzelheiten von Erscheinung und Sprachform bis zur Identifikation mit seiner Person imitiert. Es gelingt ihm, nach und nach, Einfluß auf das politische Geschehen in der Stadt zu gewinnen; die Heirat mit einem charakterlich und gesellschaftlich zweifelhaften, aber reichen Mädchen gibt ihm neue Wirkungsmöglichkeiten. Als Generaldirektor und Stadtverordneter gelingt es ihm schließlich, alle vordem einflußreichen Persönlichkeiten Netzigs, vor allem Vater und Sohn Buck, zu überspielen. Als Krönung seines Wirkens in der Stadt wird ihm die Ehre zuteil, die Festrede bei der Enthüllung des Denkmals für Kaiser Wilhelm I. zu halten. Doch zerstört ein Unwetter den erhofften Glanz seines Auftretens und gibt ihn selbst der Lächerlichkeit preis, da er den zugedachten Orden, bar jeder Feierlichkeit, im Vorbeigehen aus der Hand eines beauftragten Polizisten entgegennehmen muß. Den Schluß des Romans bildet die Szene am Totenbett des alten Buck, eines Revolutionärs der Zeit von 1848. Heßling erscheint als schweigender Zuschauer im Hintergrund und wird von dem Sterbenden im letzten Augenblick als Erscheinung des „Teufels" registriert. –

Sechs Episoden als Zentralmotive des Geschehens

An einer Kette von Episoden des Romans, der — im Verzicht auf einen festen Bauplan — dem Naturalismus nahesteht, werden in der unmittelbaren Wiedergabe des Augenblicks mit Hilfe von durchgehender Dialogisierung Zentralmotive des Geschehens veranschaulicht. Es werden hier einige wichtige Szenen im Detail analysiert, da gerade die in ihnen auftretenden Themenkreise im Hinblick auf die sozialkritische Intention des Werkes exemplarisch sind. —

I. Diederich Heßlings Begegnung mit dem Kaiser

Die erste Begegnung Heßlings mit dem Kaiser findet sich im Anfangskapitel des Romans. Heinrich Mann hat später erzählt, daß eine in der Realität ähnlich erlebte Szene die Idee zum Roman ,,Der Untertan" in ihm hervorgerufen hat. Im Jahre 1906 beobachtete er von einem Café ,,Unter den Linden" aus eine Ansammlung von Menschen, die sich drängten, um den vorbeireitenden Kaiser zu sehen. Weniger der Kaiser, mit der ,,Haltung eines bequemen Triumphators", als die Menge, die er ,,laut" und ,,ohne Würde" nennt, mißfiel ihm. Diese Szene, in eine dramatisch-groteske Streikkundgebung verwandelt, wie sie sich ähnlich im Jahre 1892 in Berlin ereignet haben mag, erscheint dann im 1. Kapitel des ,,Untertans" und ist die erste der beiden Kaiserbegegnungen im Roman.
Hier schon wird deutlich, daß sich die Satire Heinrich Manns gegen die Person des Kaisers richtet, vor allem aber gegen die Zeit, die man in der deutschen Geschichte ,,Das Wilhelminische Zeitalter" nennt. Wilhem II. erscheint zwar selten selbst im Roman — nur im 1. und im 6. Kapitel —, ist aber von Anfang bis Ende durch die Mimikry seines Untertans gegenwärtig: durch die drohende Maske mit Schnurr-

bart und Augen-Blitz, zugleich mit gewissen Insignien der Macht, die bis ins Detail direkt oder indirekt auf den Kaiser zielen. –

Die Begegnungen Diederich Heßlings mit dem Kaiser bilden daher auch den Gipfelpunkt der bildhaften Konfrontation des einzelnen mit der ,,Macht". Es ist häufig bemerkt worden, daß Heinrich Mann Stoff und Motivation seiner Schriften nicht so sehr aus seinem Erfahrungsbereich, sondern aus der Literatur genommen habe. So sehr er auch den Anstoß zu dieser Romanidee der zeitgenössischen Umwelt verdankt, so folgte er doch in der Beziehung seines Helden zur kaiserlichen Macht dem französischen Romancier Stendhal.[24] Wie Julien Sorel in ,,Le Rouge et le Noir" sich in der Herrschergestalt Napoleons widerspiegelt, so spiegelt sich Diederich Heßling in der Figur Wilhems II. In Analogie zu seinem französischen Vorbild wendet Heinrich Mann dieses spezifische Mittel an, um die historisch-repräsentative Bedeutung seines Helden im Roman deutlich zu machen. Unterschiedlich bei beiden Autoren ist der Aspekt, unter dem dieses fiktive Verhältnis gesehen und dargestellt wird: Was bei Stendhal ernst gemeint ist, wird bei Heinrich Mann ironisiert und ins Groteske verzerrt. Voraussetzung zu dieser Abweichung ist Heinrich Manns Auffassung von Wilhelm II. als ,,Affen Napoleons", ein Bezug, der im 1. Kapitel des ,,Untertan" beim Ausritt des Kaisers in der Bemerkung ,,Napoleon in Moskau" angedeutet wird. –

Im ,,Untertan" werden zwei Begegnungen Heßlings mit dem Kaiser geschildert: die bereits o. erwähnte während einer Arbeitslosendemonstration ,,Unter den Linden", bei der sich der Student Heßling als fast hysterischer Verehrer des jungen Kaisers lächerlich macht, und eine weitere, viel spektakulärere, die anläßlich eines Staatsbesuches Wilhelms II. in Rom stattfindet und im 6. Kapitel des Romans berichtet wird. –

[24] vgl. Klaus Schröter, Zu Heinrich Manns ,,Untertan", Texte Metzler, Stuttgart 1971, S. 32/33

Der Schauplatz ,,Unter den Linden" im Februar 1892 bildet den Rahmen für die Konfrontation mit der ,,Macht", dem Zentralthema des Romans. Der Autor nimmt die erste Gelegenheit wahr, das gleich expressis verbis anzukündigen: ,,Berittene Schutzleute hielten an den Mündungen der Straße und warteten auch. Die Passanten zeigten einander das Aufgebot der Macht." (S. 59) Dieser Zentralerlebniskomplex wird veranschaulicht in dem Aufgebot der berittenen Polizei, die wie eine Mauer den langsam marschierenden Arbeitslosen entgegensteht. Die Szene verdeutlicht zugleich den sozialen Aspekt, der durch eine Konfrontation der Armen mit den Besitzenden und Mächtigen angedeutet wird: ,,Manche von Ihnen wandten die Köpfe nach vorübergehenden Offizieren, nach den Damen in ihren Wagen, nach den langen Pelzen der Herren, die von der Burgstraße herschlenderten. ...". (S. 59) Eingefügt in diesen Bericht, der stellenweise den Sachverhalt bildhaft veranschaulicht: ... dies trübe und mißfarbene Meer der Armen, das zäh dahinrollte, dumpfe Laute heranwälzte und die wie Maste untergegangener Schiffe die Stangen mit den Bannern hinaufreckte: ,,Brot! Arbeit!", sind die Dialoge Heßlings mit den Passanten, — eine Mischung von Schnoddrigkeit (,,unbotmäßige Bande") bis zum stilisierten Klischee des forschen und schneidigen Tons, der sich im Stil der absichtlich verballhornten kaiserlichen Reden bewegt.
Im Mittelpunkt dieser Episode steht die Darstellung des herannahenden Arbeitslosenheeres; die Dynamik der Schilderung kommt in der Wahl der Bewegungsverben zum Ausdruck: ,,In eine der nördlichen Straßen zurückgetrieben, quollen sie aus der nächsten, bevor man ihnen den Weg abschneiden konnte, verstärkt wieder hervor. Unter den Linden vereinigten sich ihre Züge, rannen, sooft sie getrennt wurden, wieder zusammen, erreichten das Schloß, wichen zurück und erreichten es noch einmal, stumm und unaufhaltsam wie übergetretene Wasser. Der Wagenverkehr stockte, die Fußgänger stauten sich, mit hineingezogen in

die lansame Überschwemmung, worin der Platz ertrank, in dies trübe und mißfarbene Meer der Armen, das zäh dahinrollte, dumpfe Laute heraufwälzte ..." (S. 60) Die verbale Virtuosität der Schilderung zeigt — typisch für Heinrich Mann — eine deutliche Verrückung in groteske Verfremdung: „Aber sie haben aufgerissene Münder, aus kleinen Beamten, denen der Weg ins Amt versperrt ist, fliegt Staub auf, als würden sie geklopft." (S. 60)
Höhepunkt dieser dramatischen Schilderung ist die Erscheinung des Monarchen zu Pferde. Sein Auftritt löst Dialoge unter den Bürgern aus, die sich im Klischee der o. zitierten Redensarten bewegten und ein simplifiziertes Bild der Repräsentanz des Epochedenkens zeichnen: Einem alten Herrn mit „weißen Bartkoteletten" und „Eisernem Kreuz" werden Wordklischees zugeordnet: „Junger Mann", sagte er, „was unser herrlicher junger Kaiser da macht, das werden die Kinder mal aus den Schulbüchern lernen." (S. 62) Die Ironisierung pseudo-mythischer Denkweise ist in diesen Worten nicht zu übersehen. Sie ist in der häufigen Wiederholung des Ausdrucks „herrlicher junger Kaiser" im Gesamtablauf des Romans verdeutlicht.

Im Zuge der für das Ganze des Romans höchst exemplarischen Szene folgt der Dithyrambus auf die „Allerhöchste Macht", ein Versuch, von der persönlichen Verkörperung der Macht zur Abstraktion zu kommen: „Auf dem Pferd dort, unter dem Tor der siegreichen Einmärsche, und mit Zügen, steinern und blitzend, ritt die Macht! Die Macht, die über uns hinausgeht und deren Hufe wir küssen! Die über Hunger, Trotz und Hohn hingeht! Gegen die wir nichts können, weil wir sie alle lieben! Die wir im Blut haben, weil wir die Unterwerfung drin haben! Ein Atom sind wir von ihr, ein verschwindendes Molekül von etwas, das sie ausgespuckt hat! Jeder einzelne ein Nichts, steigen wir in gegliederten Masen als Neuteutonen, als Militär, Beamtentum, Kirche und Wissenschaft, als Wirtschaftsorganisation und Macht-

verbände kegelförmig hinan, bis dort oben, wo sie selbst steht, steinern und blitzend!" (S. 65)
Wir sprachen o. von dem Versuch des Autors, in dieser Szene von der bildhaften Veranschaulichung zur Abstraktion zu kommen; das Zitat zeigt, daß beide Vorstellungen nebeneinander bleiben. Das Direkte und Pamphletartige dieser Romanpartie überwiegt die Ansätze der Abstraktion. Dennoch ist diese Stelle von großer Wirkung: der provokante Mut zu einer solchen Aussage in der Zeit selbst ist geradezu beispielslos. Sprachlich auffällig ist die Reihe unvollständiger Sätze, — eine Manie des Mannschen Stils, die sich in seinem gesamten Werk zeigt. —
Den Abschluß der Szene bildet die bis ins Groteske gesteigerte Reaktion des Untertans auf die Macht, wie sie in der Gestalt des Kaisers demonstriert wird: „Da er plötzlich anhielt, glitt er (Heßling) aus und setzte sich mit Wucht in einen Tümpel, die Beine in die Luft, umspritzt von Schmutzwasser. Da lachte der Kaiser. Der Mensch war Monarchist, ein treuer Untertan! Der Kaiser wandte sich nach seinen Begleitern um, schlug sich auf die Schenkel und lachte. Diederich aus seinem Tümpel sah ihm nach, den Mund noch offen." (S. 65) Das Bild der Pfütze, in die er hineingerät, ist ein beliebtes Veranschauungsmittel der Würdelosigkeit des Untertans in der unmittelbaren Nähe der Macht; es kehrt bei der zweiten Kaiserbegegnung wieder und findet sich auch noch an anderen Stellen des Romans. Welzig hat recht, wenn er angesichts von Stellen solcher Art darauf hinweist, „daß der Sarkasmus, der ja ein berechtigtes Mittel der Polemik sein mag, an Grenzen stößt, jenseits deren er unwirksam wird."[25] Diederich, selbst gegenüber den Schwächeren der Vertreter der angemaßten Macht, wird angesichts des Kaisers nicht zum Untertan, sondern zum Clown. Dies geschieht noch in weit stärkerem Maße bei der zweiten Kai-

[25] Werner Welzig, Der zeitkritische Roman, In: Der deutsche Roman im 20. Jahrhundert, Stuttgart 1967, S. 248

serbegegnung im 6. Kapitel des Romans, als Diederich Heßling während seiner Hochzeitsreise von dem Staatsbesuch des Kaisers in Rom erfährt und nach Umwerfung aller Pläne sich dort in grotesker Weise an seine Fersen heftet. Zur Sache selbst wird in dieser sehr ausführlichen Schilderung nichts wesentlich Neues hinzugefügt; sie liefert ergänzendes Material, thematische Varitation und Steigerung zu dem o. betrachteten Erlebniskomplex. Mehr noch als bei der ersten Begegnung läßt sich der Autor keine Gelegenheit entgehen, seinen Typ des Untertans der Lächerlichkeit preiszugeben, ihn in seiner schneidigen Fassadenherrlichkeit zu verhöhnen, wozu ihm keine Frivolität zu ausgefallen und abwegig erscheint. Wir erinnern an die Stelle, als Diederich erwägt, wozu er — trotz seiner ,,Mannesehre" — allen Ernstes imstande wäre, wenn seine ihm eben angetraute Frau dem Kaiser ,,gefiele". Die Überlegung ist so typisch für die Darstellungsweise Heinrich Manns im ,,Untertan", daß die Stelle hier verkürzt eingerückt wird. ,,Wenn er dich aber sieht, und du machst ihm Eindruck? fragte Diederich und lächelte fieberhaft. Gustes Busen begann zu wogen, sie senkte die Lider. Diederich, der keuchte, riß sich los aus der furchtbaren Spannung: ,,Meine Mannesehre ist mir heilig, was ich hiermit feststelle. In diesem Falle aber —" Und er schloß die Augen mit einer knappen Geste." (S. 379) Der Leser mag sich selbst ein Urteil über diese Szene bilden. Uns scheint der Satz, den Hermann Hesse von der ,,Kleinen Stadt" geschrieben hat, hier in verstärktem Maße zuzutreffen: ,,Daß der Kompaß Heinrich Manns eine leise Verrückung gegen das Pathologische hat, spürt man auch hier; . . ."[26)]

Die zweite Kaiserbegegnung fügt noch einen Aspekt hinzu, der im Gesamtgeschehen des Romans an vielen Stellen erscheint: das Motiv der Identifikation Diederichs mit Wilhelm II. Es gilt als ein besonders witziger Einfall des Romans, Die-

26) Hermann Hesse, In: neue Zürcher Zeitg, 18. Aug. 1910

derich in seiner Erscheinung bis zur Barttracht dem Kaiser-Typ anzugleichen. Die Imitation seines Idols findet aber darüber hinaus ihren eigentlichen Ausdruck in der Sprechmanier, die zu seinem Rollenspiel gehört. Abgesehen davon, daß er Bruchstücke aus den weltpolitischen Reden des Monarchen deklamiert (allerdings nicht, wie Schröter behauptet, ,,z. T. nach sorgfältig expertierten Bismarck- und Kaiser-Worten gearbeitet"[27], sondern nach Meinung von Weisstein[28] und Banuls[29] in absichtlich verballhornter Form dargeboten), ist es vor allem seine abgehackte, schneidige Weise zu sprechen, ergänzt durch ein leitmotivisch auftretendes ,,Augenblitzen", das diese beabsichtigte Imitation vervollständigt. Abgerundet wird dies alles durch eine Mystifikation paralleler Gedankengänge und Schicksale, die Herrscher und Untertan im Romangeschehen an entscheidenden Stellen aneinanderrücken, z. B. bei der zweiten Kaiserbegegnung. Der Einfall ist von grotesker Komik; er begegnet hier wie auch an vielen anderen Stellen des Romans. In dem Maße, wie sich Heßlings Hysterie bei der Verfolgung des Kaisers in Rom steigert, ändert sich die Erzählweise des Autors. Er schildert nicht mehr in ganzen Sätzen — ähnlich wie bei der Darstellung der ersten Kaiserbegegnung, von der bereits o. die Rede war — sondern nur noch in flüchtigen Bruchstücken; manchmal steht bloß ein einziges Wort statt eines vollständigen Satzes. Es ist, als müsse sich der Erzähler beeilen, den durch die Straßen stürmenden Untertan auf den Versen zu bleiben und ihn nicht aus den Augen zu verlieren. Die Sprache gerät in ähnliche Raserei wie der fiebrig verzückte Diederich vor den Augen seines Idols. —

27) Klaus Schröter, Zu H. Manns ,,Untertan", a.a.O., S. 36

28) vgl. Ulrich Weisstein, H. Mann, Besichtigung eines Zeitalt. In: Zeitkritische Romane des 20. Jahrh., Reclam 1975, S. 24

29) vgl. André Banuls, Heinrich Mann, a.a.O., S. 99

II. Der Landausflug Diederichs mit Agnes

Im 2. Kapitel des Romans findet sich eine Episode, die in der Darstellungsweise auf einen anderen Ton gestimmt ist: der Landausflug Heßlings mit Agnes Göppel. Dem Literaturkenner kommt diese Episode in ihren Umrissen bekannt vor: sie ist der berühmten ,,Landpartie" Botho von Rienäckers mit Lene Nimptsch in Fontanes Roman ,,Irrungen, Wirrungen" nachgebildet. Klaus Schröter weist in seiner Arbeit über Heinrich Manns ,,Untertan" darauf hin: ,,Hier wie dort ein Moment persönlicher Selbstverwirklichung, eine Ahnung von Freiheit von bourgeoisen Gesellschaftsnormen, ein Idyll, eingeschoben vor dem endgültigen Erliegen des Helden in der Klassengesellschaft."[30] Obwohl der o. zitierte Vergleich zwischen beiden Romanpartien den Sachverhalt allzusehr pauschaliert und simplifiziert, kann er uns in der folgenden detaillierten Untersuchung der Episode als kritisch gesehener Ausgangspunkt dienen. —

Die Umstände sind schnell erzählt: Heßling, der sein Examen nahezu beendet hatte, ,,war in der gehobenen Stimmung einer Lebenswende". (S. 89) Das weckte pseudofeierliche Gefühle in ihm, die das sonst höchst mediokre Liebesverhältnis zwischen ihm und Agnes Göppel in eine sentimentale Aura tauchen: ,,. . . er brach in Tränen aus und sagte, daß er sie immer, immer lieben werde". (S. 89) In einer solchen Stimmung, der das schöne Wetter zuträglich ist, wird der Plan gefaßt, aufs Land zu fahren. Pseudoromantische Anwandlungen werden bei der Auswahl des Aufenthaltsortes bemüht: ,,Agnes wußte von einem Ort namens Mittenwalde; es mußte einsam dort sein und romantisch wie der Name". Hier drängt sich unwillkürlich die von Schröter angeprochene ,,genaue(r) Analogie"[31] zu Fontane vergleichsweise auf: die Ähnlichkeit in den Umrißlinien

[30] Klaus Schröter, Zu Heinrich Manns ,,Untertan", a.a.O., S. 37/8
[31] ebda, S. 38

des Erzählten ist offensichtlich. Auch bei Fontane planen die Liebenden einen ruhigen Aufenthalt an einem einsamen Ort: ,,Alle möglichen Plätze wurden erwogen", heißt es in ,,Irrungen, Wirrungen", ,,Erkner und Kranichberge, Schwilow und Baumgartenbrück, aber alle waren noch zu besucht, und so kam es, daß Botho schließlich ,,Hankels Ablage" nannte, von dessen Schönheit und Einsamkeit er wahre Wunderdinge gehört habe; Lene war einverstanden. Ihr lag nur daran, einmal hinauszukommen in Gottes freier Natur, möglichst fern von dem großstädtischen Getriebe, mit dem geliebten Mann zusammen zu sein. Wo, war gleichgültig."[32] Wie plakativ und klischeehaft wirkt dagegen die o. zitierte Stelle aus dem ,,Untertan" im Vergleich zu Fontane, wo Gedanken und Gespräche aus dem Zusammenhang des hier geschilderten ablaufenden Lebens natürlich aufsteigen. Unterschiedlich zu Heinrich Mann, dem die allgemeinen Linien genügen, ist auch die topographische Genauigkeit, die Fontanes Schilderungen zugrunde liegt; Lenes und Bothos Landpartie war für die Leser von ,,Irrungen, Wirrungen" nicht in einem lokalen Irgendwo angesiedelt, sondern hatte ein geographisch klar bestimmbares Ziel, wohingegen ,,Mittenwalde" in den Vorüberlegungen nur als Name aufgerufen wird, an den sich romantisierende Assoziationen schließen.

Die Bahnfahrt in einem ,,altmodischen", schwach besetzten Zug bringt — ähnlich wei bei Fontane — die Liebenden an den gewählten Ort. Vergleichen wir aber dann die Gefühlsintensität des verhaltenen Abendgespräches im Giebelzimmer des Gasthofes bei Fontane mit Heßlings und Agnes' Eintritt in ihren Raum, so wird uns die gänzlich unterschiedliche Weise deutlich, wie Fontanes und Manns Menschen miteinander umgehen: ,,Noch war kein Licht im Zimmer, die Tür stand noch offen, und schon lagen sie einander in den Armen." (S. 90) Andeutung bei Fontane, wo Heinrich

[32] Theodor Fontane, Irrungen, Wirrungen, Ullstein Verlag, Bd 12, S. 61f

Mann schnell zur Sache kommt, — verschwiegene, verschleierte Leidenschaft, mit leichter Hand in der Schwebe gehalten und wie mit Silberstift gezeichnet, von der sich Manns sehr direkte Darstellung deutlich abhebt.
Wir wissen, daß Heinrich Mann Fontane sehr bewundert hat. Fontane und Stendhal sind die Namen, die in den Briefen des alten Heinrich Mann am häufigsten wiederkehren. In seinen theoretischen Äußerungen über den modernen Roman (1948), die er Fontane gewidmet hat, heißt es: ,,Deutsche Romane des 19. Jahrhunderts sind bei der Welt nicht durchgedrungen, man ginge denn zurück bis Hoffmann, bis Goethe. Aber Fontane wiegt viele auf, die fehlen oder die befremden. ... Was er sieht, ist bei allem, in jedem auch das andere; weshalb er abgelehnt wird, wo und wann fanatische Einseitigkeit die Macht antritt. Er war, in Skepsis wie in Festigkeit, der wahre Romancier, zu seinen Tagen der einzige seines Ranges."[33] Sudhofs Interpretation dieses Textes enthält eine erstaunliche Feststellung: ,,In diesem programm-ähnlichen Text läßt sich zwar der Name Fontanes nicht durch den Heinrich Manns gültig ersetzen. Es scheint aber, als ob Heinrich Mann dieses dennoch, sinngemäß, bei geringer Variation der nur zu Fontane gehörenden Fakten, für möglich und für richtig gehalten hat."[34]
Schon angesichts des o. durchgeführten Vergleichs der beiden kurzen Romanpartien erscheint uns eine innere Analogie zwischen beiden Autoren wenig einleuchtend, — ja, als eine Selbsttäuschung Heinrich Manns. Der Leser des ,,Untertans" wird diese Behauptung bestätigt finden, wenn er Fontanes programmatische Äußerungen über die Gattung des Romans in Vergleich zieht: ,,Was soll ein Roman? Er soll uns, unter Vermeidung alles Übertriebenen und Häßli-

[33] Heinrich Mann, Briefe an Karl Lemke u. K. Pinkus, Hamburg o. J. (1963), S. 175f

[34] Siegfried Sudhof, Heinrich Mann, In: Wiese, Deutsche Dichter der Moderne, S. 103

chen, eine Geschichte erzählen, an die wir glauben. Er soll zu unserer Phantasie und zu unserem Herzen sprechen, Anregung geben, ohne aufzuregen; er soll uns eine Welt der Fiktion auf Augenblicke als eine Welt der Wirklichkeit erscheinen lassen, soll uns weinen und lachen, hoffen und fürchten lassen, am Schluß aber empfinden lassen, teils unter lieben und angenehmen, teils unter charaktervollen und interessanten Menschen gelebt zu haben ...''[35)]

Wie die Vorgeschichte, so ist auch der Ablauf des folgenden Tages der Fontaneschen Fabel angeglichen: hier wie dort Genuß der ländlichen Umwelt, was sich darin ausdrückt, daß Heßling und Agnes wie Kinder singen. Die Episode gewinnt jedoch in jenem Augenblick eine eigentümliche Dichte des Atmosphärischen, als die direkte Plattform des Alltäglichen verlassen wird, und ,,Märchengrauen'' aus den Augen eines alten Mannes am Wege sie anblickt. Der Wunsch zu bleiben und nie mehr fortzugehen, die Vorstellung, das Glück zu beschwören und zu behalten, der aufsteigende Zweifel am Glück, der desillusionierende Schluß, das ist in manchen Einzelheiten Fontane nachgebildet, jedoch wird hier ein eigener Ton getroffen, der sich auch in dem vereinfachten Satzrhythmus beschwörend verwirklicht. Man hat den Eindruck, daß der Autor hier einen Augenblick seine Figuren, die er wie Marionetten hält und lenkt, damit sie ihre Aufgabe erfüllen, aus der Hand fallen läßt in eine Unmittelbarkeit des Lebens, die selbst diesen gehässigen Spießer Heßling für einen kurzen Augenblick löst und entspannt. ,,Sie waren in einem fremden Land, die kleine Stadt dort hinten schlief fremdartig in der Sonne, und der Himmel sah ihnen aus, als seien sie Tag und nacht gereist.'' (S. 92) Bürgerliche Ordnung, angestammter Kneiptisch, alles ging unter in der beinahe kühnen Abenteuerlichkeit des Glücksgefühls, das an kein Ende denken kann: ,,Ich

35) Theodor Fontane, Freundesbriefe II, 9, S. 239. In: Gesammelte Werke, Berlin 1905-1910)

gehe nicht wieder fort von hier" erklärte Diederich. ,,Dich laß ich auch nicht fort." (S. 92) Hier ist zum erstenmal für eine kurze Spanne Zeit der durchlöcherte Boden der Satire und Polemik verlassen; der Ton hat den Ernst der Erlebnisstunde, das Grelle der Überzeichnung ist in ein Gleichmaß von Ton und Farbe gesunken: dies ist der einzige Raum im ,,Untertan", in dem die Menschen ,,leben". Die Bilder der Kindheit steigen hier verändert auf im Einklang der Seele mit allem Lebendigen: ,,Und er erzählte von Dämmerstunden, den Märchen unter den Weihnachtsbäumen seiner Kindheit und sogar von dem ,,Gebet aus dem Herzen", bis die seltsame Bootsfahrt an die geheimnisvolle Grenze des Versinkens und dann zum jähen Umschwung führt: zurück in die Welt des Kalküls und der Macht. —

Zu einem späteren Zeitpunkt im Romangeschehen gibt es einen Augenblick in Heßlings Leben, der eine Art von Rückgriff auf dieses Erlebnis mit Agnes darstellt und zum Anlaß wird, Bilanz über sein bisheriges Leben zu ziehen: ,,Agnes, die Weichheit und Liebe in ihm gepflegt hatte, sie war in seinem Leben das Wahre gewesen, er hätte es festhalten sollen! Wo war sie jetzt? Tot? Er saß manchmal da, den Kopf in den Händen. Was hatte er nun? Was hatte er vom Dienst an der Macht? ... Agnes, die nichts vermochte als leiden, es beschlich ihn, als ob sie gesiegt habe." (S. 418)

III. Die Antrittsrede Heßlings vor seinen Fabrikarbeitern

,,Der Untertan" ist neben anderen zeitkritischen Tendenzen auch ein forcierter Angriff auf die Gleichgültigkeit im Bereich sozialer Reformen. ,,Daß wir den Arbeitern niemals ihr Recht geben wollten, das hat den Herren die Macht verschafft, auch uns das unsere zu nehmen". (S. 391) Auch in dieser Episode geht es um die Demonstration der Macht, — in diesem Fall um die Macht in der Hand des skrupellosen

Unternehmers gegenüber seinen Arbeitern. Nirgends erscheint das ,,Pathos des Hasses", das man Heinrich Mann attestiert hat, so radikal wie an dieser Stelle, an der der Autor im Übermaß karikaturistischer Verzerrung den amüsanten Zug geistreicher Groteske verliert. Wir verweisen in diesem Zusammenhang auf die bekannte Notiz aus Thomas Manns ,,Betrachtungen eines Unpolitischen", — einer brüderlichen Kritik, von der Schröter[36] behauptet, sie sei darauf ausgerichtet, die Produktion H. Manns abzuwehren —, die aber als Gegenstimme zur Aussage des ,,Untertan" hier eingerückt werden soll: ,,Ein sozialkritischer Expressionismus ohne Impression, Verantwortlichkeit und Gewissen, der Unternehmer schilderte, die es nicht gibt, Arbeiter, die es nicht gibt, soziale Zustände, die es allenfalls ums Jahr 1850 in England gegeben haben mag, ..."[37] In weniger scharfer Form drückt auch Welzig sein Mißtrauen gegenüber Heinrich Manns Fähigkeit aus, die sozialen Zustände überzeugend darzulegen: ,,Die Darstellung des Schicksals der Unterdrückten und Entrechteten ist nicht Manns eigentliche Sache."[38]

Wenn es sich auch in dieser Episode speziell um die Beleuchtung eines sozialen Problems handelt, so bleibt die Darstellung dieses Motivs doch unbedeutend neben der aggressiven Polemik gegen das Wilhelminische Bürgertum. Der soziale Aspekt wird hier wie in vielen anderen zeitkritischen Romanen Heinrich Manns angerührt; er erzählt auch von jenen, die das Leben ,,schwer anfaßt", diese stehen aber nicht im Vordergrund; ,,sie huschen hier und da als zerlumpte Schatten, hungernde Sklaven vorbei",[39] und bilden eher die Folie, von der sich das Bürgertum des Wilhel-

36) vgl. Klaus Schröter, Zu Heinrich Manns ,,Untertan", a.a.O., S. 10

37) Thomas Mann, Betrachtungen eines Unpolitischen. Frankfurt a. M. 1956, S. 558

38) Werner Welzig, Der zeitkritische Roman, a.a.O., S. 114

39) André Banuls, Heinrich Mann. a.a.O., S. 101

minischen Zeitalters abhebt, dem vordringlich des Autors Kritik und Hohn gelten. —

H. Mann stand auch denjenigen Teilen der Gesellschaft kritisch gegenüber, mit denen er ideologisch sympathisierte. Ähnlich wie ihren Gegnern fehle ihnen soziales Verantwortungsgefühl. Was die Rolle der Sozialdemokraten im Wilhelminischen Deutschland anbetrifft, so erklärte Heinrich Mann in seinem Essay ,,Kaiserreich und Republik": ,,Ihr gefühlsmäßiger Nationalismus kannte sich selbst nicht. Die Arbeiter hatten ihn im selben Maß wie die Bürger: auch sie überzeugt vom Recht der Macht, auch sie durchdrungen, die Macht sei hier."[40] Siehe hierzu noch folgende aufschlußreiche Stelle aus dem 1911 verfaßten Aufsatz ,,Reichstag": ,,Der Mann (...) muß genau wissen, daß diese Leute (die Sozialdemokraten) sich von ihm selbst höchstens durch ein paar historische Redensarten unterscheiden, daß sie maßvolle kleine Bürger sind, die nichts wollen als Kindern und Enkeln ein spießiges Wohlleben verschaffen, und daß sie zum Generalstreik so stehen wie die Jungtürken zum heiligen Krieg, nämlich selbst die größte Angst davor haben."[41] Hier wiederum begegnet uns Manns Lieblingsidee, die er in allen Erscheinungen aufspürt: die Idee der Macht. ,,Immer geht es um das Bloßstellen der Macht, der Macht der Banken, der Industrie, der Parteien, der Arbeiter, der Bürger und der persönlichen Macht des Einzelnen. Der Kaiser schneidet in dieser Darstellung ebenso schlecht ab wie seine Untergebenen, die Sozialdemokraten so schlecht wie die Liberalen; die Arbeiter, die Revolutionäre werden in der gleichen Perspektive gesehen wie die Fabrikbesitzer."[42]

Zum Problem des Erfahrungsgehalts seiner Schilderungen sagt Weisstein, daß die Rolle Heinrich Manns als Zeitkritiker

40) H. Mann, Ausgewählte Essays, Bd 2, (Berlin-Ost) 1954, S. 39
41) Ebd. S. 8
42) Edgar Lohner, Heinrich Mann, a.a.O., S. 95

beurteilungsgemäß dadurch erschwert werde, „daß dieser Dichter das gesellschaftskritische Material, das sich in seinen Romanen findet, vielfach nicht direkt aus dem Leben, sondern auf dem Umweg durch die Kunst bezog. (Maupassant, Wedekind und Sternheim seien hier u. a. zu erwähnen.)."[43]
Im Fall des „Untertans" — was das Milieu betrifft — wissen wir jedoch, daß der Autor seit 1906 ausgiebige Vorarbeit in Form von Materialiensammlungen geleistet hat. Wir erfahren z. B. aus einem Brief Manns an seinen Jugendfreund Ludwig Ewers, daß er eine große Papierfabrik und auch die Bruckmannsche Kunstanstalt eingehend besichtigt habe. „Alles für meinen Romanhelden".[44] So ist denn auch die Echtheit des Milieus überraschend gut getroffen. Heinrich Mann zeigt sich in der Kenntnis eines solchen Unternehmens bis in die kleinsten Details informiert. —
Diederich Heßling übernimmt nach einem mit der Promotion abgeschlossenen Chemiestudium in seiner Heimatstadt Netzig die Leitung der väterlichen Papierfabrik. Die hier analysierte Episode zeigt Heßling in seinem ersten offiziellen Auftreten vor den Arbeitern, das er mit einer kurzen Antrittsrede einleitet. Der Autor gibt eine knappe Orts- und Personaleinführung: Die Begegnung zwischen Heßling und seinen Arbeitern findet im Lumpensaal der Papierfabrik statt; die Personengruppierung- und Zahl wird angegeben: 12 Arbeiter, die die Papiermaschine bedienen, und 3 Kontoristinnen samt den Frauen, deren Tätigkeit das Sortieren der Lumpen war. Es ist die Gruppe derer, die, wie H.Mann es einmal ausgedrückt hat, das Leben „schwer anfaßt"; sie stehen beinahe schablonenhaft im Hintergrund. In der Anrede Heßlings sind es „die Seinen", „die Leute", „die in Haufen zusammenstanden", — die „Untergebenen", wie der „Herr" des Wilhelminischen Zeitalters sie klassifiziert.

43) Ulrich Weisstein, Besichtigung eines Zeitalters, a.a.O., S. 17
44) Heinrich Mann, Brief v. 12. Juni 1907

Herausragend ist nur der ,,Organisierte", der Sozialdemokrat, der ,,grimmig-heuchlerische Oligarch"[45] Napoleon Fischer, den Heßling haßt und fürchtet und angesichts dessen ,,Grinsen" ihm Zweifel und Grenzen seiner Macht aufsteigen.

Die Antrittsrede Heßlings an seine Arbeiter ist ein Kabinettstück wilhelminischen Stils, wie Heinrich Mann ihn registriert und wie er ihm seinem Untertan im Zuge des Romangeschehens in den Mund legt: eine Anhäufung von Schlagwörtern und abgebrauchten Redensarten, agitatorisch gezielt durch die Terminologie des Forschen und Zackigen, meist auf Superlativ-Formeln gebracht: ,,forsch gearbeitet", ,,Zug in den Betrieb bringen", ,,sich nicht auf die Bärenhaut legen", ,,sich im gewaltigen Irrtum befinden", ,,Steuer in die Hand nehmen", ,,Ich führe euch herrlichen Tagen entgegen", ,,wer mir entgegen arbeitet, den zerschmettere ich". — Neben den Äußerungen starrer Autoritätsanweisungen, vor denen die Arbeiter in den Schatten der Unsicherheit zurückweichen, steigert sich die angemaßte Selbstherrlichkeit bis zur Rechtfertigung vor Gott, dem der Untertan neben seinem Gewissen allein verpflichtet sein will. Die Formeln der Sprache, die o. aneinandergereiht wurden, sind zugleich einziger Inhalt der Rede; — ihre Wirkung zielt auf Intoleranz und Aggressivität, — Drohung durch die Macht steht am Ende: ein simpler Grundton, auf den das ,,Herrentum" gestimmt ist. —

IV. Heßlings Besuch bei dem Regierungspräsidenten v. Wulckow

Einen der Höhepunkte der kritischen Auseinandersetzung mit der Wilhelminischen Gesellschaft im ,,Untertan" — was Thema und Darstellungsform anbetrifft — bildet der Besuch

[45] André Banuls, Heinrich Mann, a.a.O., S. 101

Heßlings bei Wulckow. In dieser Szene, in der Heinrich Mann die als Ausdruck der Staatsmacht verstandene Bürokratie mit allen verfügbaren Mitteln der Groteske und Karikatur demonstriert und an den Pranger stellt, wird der Hund Wulckows als wissender Machtfaktor in die Konfrontation der Machtinstitutionen integriert. Die Darstellung ist in dieser Episode von starker Anschaulichkeit: Heßling wird angesichts Wulckows mit seinem Hund nicht nur zum Untertan, sondern zur Witzfigur, die, in drastischer Weise in die Enge getrieben, dem animalischen Repräsentanten der Macht ausgeliefert ist, — ein ebenso witziger wie in seiner Wirkung makabrer Einfall, dessen Effekt in der Staudte — Verfilmung des ,,Untertan" besonders ausgenützt wurde.
Der Regierungspräsident von Wulckow ist aus dem der Episode vorausgehenden Geschehen bekannt: er ist — sehr vereinfacht und klischeehaft gesehen — die Figur des ,,Junkers", wie sie in der Zeitschrift ,,Simplizissimus" um die Jahrhundertwende auftaucht. Es ist der Typ des unproblematischen, rohen und harten Herrn, — eine der vom Autor persiflierten Machtpositionen der imperialistischen Institutionen seines Zeitalters. —
Der Aufbau der minutiös ausgearbeiteten Szene zeigt eine deutliche Gliederung: Einleitend wird Heßling in der Rolle des Antichambrierenden und unbeachtet Wartenden vorgeführt. Schon das ,,Warten" auf den anmeldenden Diener ist Programm und wird durch das Attribut ,,vergeblich" charakterisiert. Mit dem Eintritt des Hundes dann verläßt Heinrich Mann den Boden des Realen, wenn er das Tier als ,,riesenhaft" und voll Verachtung auf Diederich" bezeichnet. Daß der Hund in geheimer Verbindung mit der Machtposition seines Herrn, ja, in geheimer Verbindung mit diesem gesehen wird, erweist sich an mehreren Stellen der Szene in den Reden, die Wulckow mit ihm führt: ,,Schnaps, komm herein!" und noch mehr in dem Verhalten des Hundes selbst: ,,. . . worauf die Dogge die Tür aufklinkte." Diese Vermenschlichung des Animalischen in der Demonstation

logischer Gedankenketten setzt sich fort: ,,Da sie vergaß, sie wieder zu schließen, . . .''. Die Auffassung des Hundes im Sinne einer menschlichen Funktion wird auf die Spitze getrieben, als der schüchterne Morgengruß Heßlings ,,Guten Morgen, Herr Präsident!'' von Wulckow in bewußter Persiflage dem Hunde zugeschrieben wird: ,,Nanu, quatschst du auch schon, Schnaps?'' An dieser Stelle wird die Entwürdigung des Untertans in der brutal durchgeführten Nichtigkeitserklärung seiner Person auf die Spitze getrieben, was sich in der Reaktion Diederichs spiegelt: ,,Wer bin ich, daß ich mir das bieten lassen muß?''(S. 343) Infernalisch wirkt der im Hintergrund schmunzelnde Wulckow angesichts des bedrohlichen Spiels, das der Hund mit dem ,,Untertan'' anstellt: ,,Diederich tanzte, so geräuschlos wie möglich, von einem Fuß auf den anderen, und die Dogge knurrte drohend, aber leise, wohl wissend, ihr Herr könnte es sonst nicht weiter kommen lassen. Endlich gelang es Diederich, zwischen sich und seinen Feind einen Stuhl zu bringen, an den geklammert er sich umdrehte, bald langsamer, bald schneller und immer auf der Hut vor Schnaps' Seitensprüngen. Einmal sah er Wulckow den Kopf ein wenig wenden und glaubte ihn schmunzeln zu sehen.''(S. 343) Es folgt die bemerkenswerte Textstelle, in der deutlich wird, wie die Beziehung zwischen Untertan und Macht in eine Krise gerät; es kommt zu einem Zusammensturz und zu einer Umkehr der Gefühle in seinem Inneren: ,,. . .und aus den Trümmern schlug wild die Lohe des Hasses. Menschenschinder! Säbelraßler! Hochnäsiges Pack! . . .Wenn wir mal Schluß machen mit der ganzen Bande!'' Anschließend wird die berühmte Definition der Macht gegeben, die das komplexe Verhältnis zwischen Macht und Unterwerfung enthüllt: ,,. . .in einem Anfall von Raserei sah er alles niedergeworfen, zerstoben: die Herren des Staates, Heer, Beamtentum, alle Machtverbände und sie selbst, die Macht! Die Macht, die über uns hingeht und deren Hufe wir küssen? Gegen die wir nichts können, weil wir sie alle lieben! Die wir im Blut haben, weil wir die Unterwerfung darin haben! Von der Wand dort, hinter blauen Wolken sah eisern hernieder ihr bleiches Gesicht, eisern, gesträubt, blitzend: Diederich aber, in wüster Selbstvergessenheit, hob die Faust." (S. 344)

Nirgends in Heinrich Manns Werk wird die komplexe These der Macht so deutlich ausgesprochen und so anschaulich demonstriert wie an dieser Stelle. Die Auflehnung des ,,Untertans" gegen die Macht ist indessen so kurz, wie sie heftig ist, — sie wirkt mehr wie ein Affekt aus dem Unterbewußtsein, der bald danach von seinem wachen Bewußtsein nicht mehr verstanden wird. Als die Dogge von dem Verängstigten abläßt, geraten Macht und Unterwerfung wieder in das gewohnte Verhältnis zueinander. Diederich, der eben noch das Schlimmste befürchten mußte, empfindet diese Rückwendung als eine Erleichterung der Situation. Die nun folgende Szene der Unterredung mit Wulckow vollzieht sich in der im Inneren Heßlings wiederhergestellten Ordnung in der gewohnten Unterwürfigkeit. —

V. Die Lohengrin-Episode

In seiner Studie über Heinrich Mann weist Ulrich Weisstein darauf hin, daß die zahlreichen Schauspiel- und Opernaufführungen in den Romanen dieses Autors ,,als Katalysatoren und Brennspiegel anfangs privater und später öffentlicher Vorgänge" dienen und irgendwie ,,zur Veränderung des status quo" beitragen: ,,vom Tannhäuser im eklektischen Jugendwerk ,,In einer Familie" (1894) über ,,Rache" (Die Weber) in ,,Im Schlaraffenland" bis hin zum Lohengrin des ,,Untertan" ...".[46] Im letzteren Fall handelt es sich weniger um einen entscheidenden Wendepunkt in der Handlung als

[46] Ulrich Weisstein, Besichtigung eines Zeitalters, a.a.O., S. 16

vielmehr um einen Höhepunkt ironisch-satirischer Problematik gegen die Kulturauffassung des deutschen Bürgertums in der Wilhelminischen Epoche. Zugleich dient die sehr detaillierte Schilderung der Lohengrin-Aufführung, der Heßling und seine Braut Guste Daimchen beiwohnen, dazu, Heinrich Manns Abhängigkeit von Nietzsches Kulturkritik am ,,Fall Wagner" in seinem Roman zu demonstrieren, vor allem aber auch den Nationalismus des deutschen Bürgertums zu attackieren, ,,diese kulturwidrigste Krankheit und Unvernunft, die es gibt..."[47], wie Nietzsche in seinem posthum veröffentlichten Werk ,,Ecce homo" apostrophiert. Wir finden die bei Nietzsche geäußerten Theorien in der Lohengrin-Episode des Romans im Verhalten der Hauptgestalt veranschaulicht. Lohner, der dem ,,Untertan" insgesamt den Charakter einer echten Satire abspricht, rühmt die Lohengrin-Episode ,,als gut gelungene Groteske".[48] Sie gehört zweifellos zu den amüsantesten Passagen des Romans; die angewandten Mittel der Groteske sind hier besonders effektiv.

Die Lohengrin-Episode ist in das V. Kapitel des Romans eingefügt. Sie ist kurz, umfaßt acht Seiten und wird spielerisch eingeleitet mit dem Satz: ,,Die schöne Laune, die mit ihrem Dasein spielte, führte sie eines Abends in den Lohengrin." Der Einleitungssatz weist auf einen belanglosen Zufall hin, aber der absichtsvolle Satiriker kommt schnell zur Sache. Schon der erste Abschnitt der Schilderung verdichtet die Atmosphäre des Morbiden, die die Welt des Theaters für die bürgerliche Ordnung darstellt: sie ist bei Heinrich Mann leicht gefärbt mit dem Kolorit von Gartenlaube- und Trivialliteratur-Klischees, wie sie um die Jahrhundertwende beliebt waren. ,,Das breite rote Plüschsopha an der Wand, wo man nicht gesehen werden konnte, war eingedrückt und

[47] Friedrich Nietzsche, Ecce homo, Werke Ullstein Verl. II, S. 1148 (594)

[48] Edgar Lohner, Heinrich Mann, In: Deutsche Lit. des 20. Jahrhunderts, Bd II, Heidelberg 1961, S. 93

fleckig, es hatte etwas reizvoll Fragwürdiges. Guste wollte wissen, daß diese Loge eigentlich den Herren Offizieren gehörte, und daß sie hier Besuche von Schauspielerinnen empfingen." (S. 360) Zur Veranschaulichung der o.a. Erzählintention dienen die hier wiedergegebenen Gedanken und Dialogpartien: ,,Hähnisch ist noch wabbeliger geworden", bemerkte Guste sogleich, und sie nickte nach dem Dirigenten hinab. Er machte auf Diederich einen hochkünstlerischen, wenn auch ungesunden Eindruck. Schwarze, verwirrte Haarsträhnen wippten, indes er mit allen seinen Gliedmaßen den Takt schlug, über seinem großen grauen Gesicht, dessen Fettsäcke mitwippten...". (S. 360)
Nach dieser kurzen, aber pointierten Einstimmung läuft die Vorstellung des Lohengrin vor den Augen und Ohren des Lesers gleichsam ab, gewissermaßen betrachtet aus dem Blickwinkel der von Heinrich Mann als typisch betrachteten Repräsentanten des wilhelminischen Bürgertums. Der Witz der Darstellung liegt einmal in der Anwendung eines alltäglich abgebrauchten Vokabulars auf den Gegenstand der Kunst (z. B. ,,Im Orchester war großer Betrieb, dennoch gab er zu verstehen, daß er auf Overtüren keinen Wert lege." (S. 361) ... ,,Und Diederich war nicht weit davon entfernt, sich für die schwarze Dame mit dem Frontkorsett zu entscheiden, als er noch rechtzeitig bemerkte, daß eben sie in der ganzen Angelegenheit nicht einwandfrei dastand." (S. 362) Der Text bietet zahlreiche Beispiele dieser Art; es wäre amüsant, sie zu sammeln. Ein besonderer Witz liegt nach Schröters Auffassung auch in der Erzähltechnik, die Heinrich Mann an dieser Stelle anwendet, — die ,,Herstellung von Beziehungen zwischen dem wesentlich Beziehungslosen" und das ,,Vergleichen des logisch nicht Vergleichbaren".[49] So werden beispielsweise die historischen Mannen mit zeitgenössischen ,,Neuteutonen" verglichen oder ein botanischer Begriff ,,Eiche" zum scheinbaren

[49] vgl. Klaus Schröter, Die Anfänge Heinrich Manns, Stuttgart 1965, S. 82

Zweck näherer Bestimmung mit einem Begriff aus dem politischen Vorstellungsbereich ,,deutsch" unmittelbar gekoppelt.
In Wahrheit folgt die hier unternommene Kommentierung der Lohengrin-Aufführung — wie o. bereits vermerkt — aus dem Blickwinkel des Bourgeois Heinrich Mannscher Sicht dem Hinweis Nietzsches. In seiner bekannten Schrift ,,Der Fall Wagner" hatte Nietzsche Richard Wagners Werk ästhetisch-psychologisch als ein Phänomen der ,,décadence" betrachtet; sein Rat, den mythischen ... ewigen Gehalt der Wagnerschen Texte zu überprüfen, gipfelte in der Forderung, ,,Wagner ins Reale, ins Moderne — seien wir grausamer! ins Bürgerliche zu übertragen: zum Beispiel Parsifal als Kandidaten der Theologie mit Gymnasialbildung zu übersetzen."[50] ,,Diese Technik der Verfremdung", heißt es bei Schröter, ,,hat Heinrich Mann in seiner Lohengrin-Episode in eklatanter Weise angewandt: Ortrud hat — in den Augen Guste Daimchens — einen Schlafrock und ein Frontkorsett an."[51] Ebenso zeigt sich diese Manier der Verfremdung in dem bereits in anderem Zusammenhang zitierten Satz: Diederich Heßling ,,sah ... die Gesichter der Mannen näher an und fand überall Neuteutonen." (S. 332) An gleicher Stelle werden Nietzsches Anregungen in der von ihm geforderten Weise verwirklicht: ,,Überhaupt ward Diederich gewahr, daß man sich in dieser Oper sogleich wie zu Hause fühlte. Schilde und Schwerter, viel rasselndes Blech, kaisertreue Gesinnung, Ha und Heil und hochgehaltene Banner und die deutsche Eiche: man hätte mitspielen können." (S. 362)
Es fällt uns nicht schwer, in der o. a. Stelle eine weitere Variante des Romanthemas wiederzufinden: die Gleichsetzung der nationalistisch-monarchistischen Deutschtümelei mit dem Wagnerkult, die in der Vorliebe Heßlings für die ,,national getönte Kunst Wagners" ihren Ausdruck findet.

[50] vgl. Friedrich Nietzsche, Der Fall Wagner, Werke II, S. 922
[51] Klaus Schröter, Die Anfänge Heinrich Manns, a. a. O., S. 81

Nietzsche hat in ,,Ecce homo'' bekannt, daß sein Angriff auf Wagner ,,noch mehr freilich ein Angriff auf die in geistigen Dingen immer träger und instinktärmer ... werdende deutsche Nation'' gewesen sei. ,,Man muß vorerst ,,deutsch'' sein'', ,,Rasse sein'', dann kann man über alle Werte und Unwerte in historis entscheiden — man setzt sie fest ... ,,Deutsch'' ist ein Argument, ,,Deutschland, Deutschland über alles'' ein Prinzip, die Germanen sind die sittliche Weltordnung in der Geschichte.''[52]
Hier sind die Nahtstellen zu Heinrich Manns Auffassung dicht; so wird Wagner von Diederich Heßling interpretiert. In dieser Haltung spiegelt sich Heinrich Manns historisch-politische Gesellschaftskritik wider: ,,Nach der Verwandlung ward dies vollends klar. Eiche, Banner, alles nationale Zubehör war wieder da; und ,,für deutsches Land das deutsche Schwert, so sei des Reiches Kraft bewährt'' bravo!''(S. 366) Die bis zur Blasphemie gesteigerte Parodie bemächtigt sich auch des Grals, dessen tieferen Sinn Heßling seiner Braut folgendermaßen erklärt: ,,Die Geschichte mit dem Gral, das soll heißen, der allerhöchste Herr ist nächst Gott nur seinem Gewissen verantwortlich. Na, und wir wieder ihm. Wenn das Interesse seiner Majestät in Betracht kommt, kannst du machen, was du willst, ich sage nichts...''(S. 367). In der Oper bemerkt Diederich das im Verbum ,,blitzen'' leitmotivisch im Roman vorkommende Phänomen der Macht: ,,Ja, die allerhöchste Macht verkörperte sich hier, zauberhaft blitzend.''(S. 363)
In den o.a. Stellen wird — im Zusammenhang mit der Beschreibung des fragwürdigen Theaterdekors — das Mittelalter der Lächerlichkeit preisgegeben. Wie wenig eindeutig allerdings in dieser Hinsicht Heinrich Manns Auffassung fixiert ist, erweist sein früher Roman ,,In einer Familie'' (1892/3), in dem ein beinahe romantisch anmutendes Lob auf die ,,Schönheit des Mittelalters'' ausgesprochen wird. Wäh-

52) Friedrich Nietzsche, Ecce homo, a.a.O., S. 1147 (II) (593)

rend einer Tannhäuser-Aufführung fühlt sich die männliche Hauptfigur des Romans, Wellkamp, entzückt von dem ,,Anblick jener feinen und stolzen Kultur mit ihren vornehmen und freien Rangabstufungen."[53] Die Stelle kommt in der Ausgabe von 1924 nicht mehr vor; wie o. offensichtlich, wird im ,,Untertan" über die moderner Machtideologie angepaßten mittelalterlichen Mythen anläßlich der Aufführung des Lohengrin gespottet. Bezeichnenderweise zeigt sich dagegen in dem Frühwerk ,,In einer Familie" ein völlig unterschiedliches Wagnerbild. Hier vollzieht sich die Annäherung zwischen den beiden Hauptfiguren Dora und Wellkamp durch das Medium der Kunst.: Wellkamp entdeckt, z. B. bei der Betrachtung eines Gemäldes, auf Doras Gesicht eine ähnliche, ,,unendlich nervöse Wirkung", wie er sie selbst beim Anschauen dieses Bildes empfunden hatte. Dies macht für ihn die rätselhafte Anziehung aus, die von dieser Frau ausgeht und die später unter dem Rausch Wagnerischer Musik alle Fesseln der Konvention sprengt. ,,Beide (Dora und Wellkamp) suchen in der Kunst die ,,Schauer", die ihre ,,mystische Empfänglichkeit" ihnen gewährt und die sie über die Bedingungen der Wirklichkeit hinauszuheben vermöchte."[54]

VI. Die Einweihung des Kaiserdenkmals

Wenn wir der Meinung zustimmen wollten, daß im ,,Untertan" eine ganze Epoche der totalen Lächerlichkeit preisgegeben wird, so könnte das angesichts der Denkmalsfeier am Ende des Romans besonders überzeugend veranschaulicht

[53] Heinrich Mann ,,In einer Familie" Werke, S. 157ff

[54] Renate Werner, Skeptizismus, Ästhetizismus, Aktivismus, Der frühe Heinrich Mann, Düsseldorf 1972

werden. Die Einweihung des Denkmals für Kaiser Wilhelm I. ist eine Episode, in der Groteske und Karikatur auf die Spitze getrieben werden. Heinrich Mann hat selbst im Rahmen dieser Szene den Ausdruck ,,apokalyptische Reiter" verwendet, und die Literaturkritik hat in Anknüpfung daran verallgemeinernd von apokalyptischen Zügen dieser Szene gesprochen. Uns erscheint eine solche Bezeichnung für das dargestellte Geschehen allzu dämonisch; dafür grenzt die Groteske hier stellenweise zu dicht an bloßen Klamauk. Auch die eigentlich komischen Elemente, die manche Episoden im ,,Untertan" (z. B. Kaiserbegegnng, Lohengrin-Episode) so amüsant machen, fehlen hier zugunsten eines allzu bitterbösen Tons der Verunglimpfung aller Erscheinungen. Die an dieser Stelle im Übermaß verwendeten kolportagehaften Mittel in einer ,,angestrengt sich steigernden Gebärde" erbringen den Effekt des Skurrilen, nicht aber den des ,,Dämonischen", was in dem Ausdruck ,,apokalyptische Reiter" vom Autor selbst zumindest angestrebt zu sein scheint. —

Die Einweihung des Denkmals Wilhelms I. am Ende des Romans ist von Heinrich Mann als eine Art Finale angelegt worden, nachdem der Leser in den vorherigen Kapiteln in allen Einzelheiten über die Vorgeschichte seiner Entstehung informiert worden ist. Die Situationsschilderung des denkwürdigen Tages wird in allen Details gegeben, — besonders was die Kulisse des Festaktes betrifft, in dessen Mittelpunkt Heßlings Festrede auf Kaiser und Kaisertum stehen soll. Die Repräsentation der Macht in ihrem vollen Aufgebot wird veranschaulicht und zitiert: Militätkordon um den Platz gezogen, das Denkmal noch verhüllt, Zeltdächer sowie zahlreiche Fahnen, links die Herren Offiziere, gekennzeichnet durch ihre ,,ins Blut übergegangene Disziplin", Kriegervereine mit Eichenkränzen um die Zylinderhüte, Ehrenjungfrauen mit schwarzweißroten Schärpen, befehligt von Pastor Zillich im Talar. Weder weltliche noch kirchliche Institutionen der Macht werden in dieser Groteske ausgespart: das besondere Augenmerk der Verhöhnung fällt auf Uniformen jeder Art, wie wir sehen: ,,Und ihre Adjutanten, Uniformen in allen Farben, Sternenblitzen und ein Wuchs!... Herr von Quitzin als Ulan besichtigte durch sein Monokel den Grund und Boden der Veranstaltung...",...,,Wulckow aber, der rote Husar, brachte die volle Bedeutung des Regierungspräsidenten erst jetzt zur Geltung, wo er salutierend das gewaltige, von Schnüren umrahmte Profil seiner unteren Körperteile hervorkehrte."(S. 483) Dazu kommt der klangliche Rahmen der Regimentskapelle mit der Intonierung ,,Eine feste Burg" und ,,Wir treten zum Beten" als Abrundung. In dieser Entfaltung der Macht wird die soziale Gegenposition nicht vergessen; ihr wird allerdings — typisch für Heinrich Mann (s. Heßlings Antrittsrede vor seinen Fabrikarbeitern!) — nur eine kurze kulissenhafte Erwähnung zuteil: ,,...so lag doch eben hierin eine feierliche Erhebung angesichts des nicht priviligierten Volkes, das hinter ,,unseren" Soldaten (man beachte das Possessivpronomen!) und am Fuß einer großen schwarzen Brandmauer in der Sonne die schwitzenden Hälse reckte."(S. 480) Das Antithetische in ,,priviligierte" und ,,nicht priviligierte" Klasse wird im Extrem angesichts der Uniform demonstriert; hier tritt der Untertan Heßling, der sich bei dem Bestehen auf den Ehrenplatz für seine Frau Guste so unsterblich blamiert hat, als ein der priviligierten Klasse nicht ganz zugehöriger Beobachter auf: ,,Sein Kronenorden IV. Klasse, seine schwarzrote Schärpe und die Rede, die er vorzeigte, retteten ihr gerade noch, konnten aber keineswegs, weder vor der Welt noch vor ihm selbst, als vollwertiger Ersatz gelten für die Uniform. Sie, die einzige wirkliche Ehre, gebrach ihm nun einmal, und Diederich mußte auch hier wieder bemerken, daß man ohne Uniform, trotz sonstiger Erstklassigkeit, doch mit schlechtem Gewissen durchs Leben ging."(S. 481) Dies ist eine Äußerung von höchst provokantem Mut in den Jahren vor dem ersten Weltkrieg, die im Hinblick auf die Wirkungsgeschichte des Romans zweifellos eine Rolle gespielt hat. —

Im Mittelpunkt dieses Aufgebots der Macht erscheint die Rede Heßlings sinnvoll eingeordnet; es gehört zum Gipfel des Grotesken in dieser Szene, daß die Auflösung der aufgebotenen Ordnung durch die Naturkatastrophe des Wolkenbruches nicht nur die Ordnung der Macht selbst, sondern auch die Lobrede auf sie und damit auch den Redner der totalen Lächerlichkeit preisgibt. — Heßlings Rede wird stellenweise wörtlich wiedergegeben; damit verschafft sich der Autor Gelegenheit, den Überschwang an entliehenen Phrasen der Deutschtümelei, des demagogischen Jargons, der Säbelrasselei, der Verherrlichung des religiös legitimierten Imperialismus direkt wiederzugeben.
Das Geschehen, das nun abrollt, gleicht stellenweise der Szene in einem Schmierentheater. Heßlings eigene Worte — in seinem Sinne ernst gemeint — bezeichnen schon gleich zu Anfang das Denkmalsfest als ein Theater: ,,Das ist das einzige, erstklassische Theater, es ist das Höchste, ..." (S. 482). Der Hinweis auf die Rolle, die er auf dieser Szene spielt oder zu spielen anstrebt, ist damit gegeben. Im Sinne eines theatralischen Effekts wird auch vom Autor die Demonstration der triumphalen Macht in das Gegenteil gewendet, als ein Gewitter mit Sturm und Wolkenbruch die nationalistischen Platitüten von Heßlings Festrede jäh unterbricht. Das Groteske der Szene besteht eben gerade in der Einwirkung der Natur auf die menschlichen Institutionen: Gewitter und Wolkenbruch bringen alles aus den Fugen und lassen das Triumphale ins Lächerliche umschlagen, was in Heßlings Gesten augenfällig wird: ,,... da krachte es im Himmel so ungeheuerlich, daß Diederich sich duckte und, bevor er es sich versah, unter seinem Pult hockte." (S. 490) In entscheidendem Maße spielt die Natur in dieser Groteske mit: ,,... da platzte der Himmel. Er platzte ganz und auf einmal, mit einer Heftigkeit, die einem lange verhaltenen Ausbruch glich. Bevor noch die Herren sich umgedreht hatten, standen sie im Waser bis an die Knöchel, Seiner Exzellenz lief es aus Ärmeln und Hosen." (S. 491) Alle nur erdenkli-

chen bombastischen Mittel, die Hauptfigur und die Triumphatoren der Macht lächerlich zu machen, werden vom Autor bemüht, — bis zur beliebten Assoziation Heßlings mit der Pfütze (s. auch bei der Kaiserbegegnung!), in der er am Schluß aufgefunden wird: „Schließlich fand man ihn unter dem Rednerpult, im Wasser hockend." (S. 492)
Insoweit als hier die Ridikülisierung der Hauptgestalt ins Auge gefaßt wird, ordnet sich diese Szene dem Gesamttenor des Romans unter, aber sie hat noch einen anderen Aspekt, dem der Roman seine Berühmtheit verdankt: das ist der Aspekt des Doppeldeutigen, ja, des Prophetischen. Es ist nicht zu leugnen, daß ein makabrer Zug in der Zweideutigkeit der hier verwandten Terminologie liegt: „Schlamm", „Pfütze", „eingestürztes Haus", „Drunter und Drüber", „Kehraus", „Trümmer" u. a.". Alles das sind Ausdrücke, die offensichtlich mehr besagen wollen als rein Gegenständliches in einem zufälligen Augenblick; ihre symbolische Meinung wird vom Autor kaum verschleiert. Ob aber in diesem Kleinstadtdebakel des Denkmalfestes der Krieg als „nahe und unausweichlich erscheine", wie es in den Memoiren „Ein Zeitalter wird besichtigt"[55] heißt, hält Banuls[56] für sehr fraglich, eher ist es wohl die Revolution, von der der Autor träumte. Gewisse Stellen im Roman bezeugen, daß er an den kommenden Krieg in der Entstehungszeit des Werkes nicht gedacht hat. Buck erklärt zu dieser Frage: „Die einzig reale Macht ist heute der Friede. Spielt euch die Komödie der Gewalt vor! Prahlt gegen eingebildete Feinde draußen und im Innern! Taten, glücklicherweise, sind euch nicht erlaubt." (S. 306)

[55] vgl. H. Mann, „Ein Zeitalter wird besichtigt", S. 201
[56] vgl. André Banuls, Heinrich Mann, a.a.O., S. 96

Die Personenkonstellation des Romans:

Die Titelfigur und ihr Antipode Buck

In ihrer Arbeit über den frühen Heinrich Mann „Skeptizismus, Ästhetizismus, Aktivismus" gibt sich Renate Werner — im Gegensatz zu der bisherigen Heinrich-Mann-Forschung — nicht damit zufrieden, seine zeitkritischen Romane, besonders den „Untertan", nur als Äußerungsformen eines „kritischen Realismus" zu sehen. Sie ist der Meinung, daß mit einer solchen Zuordnung die Denkmodelle Heinrich Manns und deren ästhetische Transformation nicht wirklich getroffen werden können. Im Gegensatz dazu erscheint ihr seine kritische Diagnose der geschichtlichen Entwicklung seit 1789 ebenso wie die der deutschen Gegenwart um die Jahrhundertwende im Lichte einer Perspektive, die historische Phänomene ausschließlich im gedanklichen Modell von „Geist" und „Widergeist" deutet und die erkennen läßt, daß die „Geist-Widergeist-Antithetik" bewußtseins — und sozialgeschichtlich mit dem kritisierten Gegenstand selbst verbunden und damit konstitutives Element des Zeithintergrundes ist."[57] Da uns eine solche Deutung im Hinblick auf die Personenkonstellation im „Untertan" einleuchtend erscheint, folgen wir in der Untersuchung dieser Themenstellung stellenweise den Erkenntnissen der o. a. Arbeit. —

„Der Untertan", seit 1906 vorbereitet und geplant und in den Jahren 1910/11 im wesentlichen niedergeschrieben, enthält — ähnlich wie „Im Schlaraffenland" und „Professor Unrat" — einen unmittelbar zeitgenössischen Stoff und beleuchtet auf dem Hintergrund der spätbürgerlichen Geellschaft des Wilhelminischen Zeitalters die laut Heinrich

[57] Renate Werner, Skeptizismus, Ästhetizismus, Aktivismus, a.a.O., S. 239

Mann erfolgte Entzweiung des Bürgertums mit sich selbst. Er gestaltet die Antithese zwischen zwei Phänomenen der Bourgeoisie, die H. Mann in Diederich Heßling und Wolfgang Buck typisiert: den zum „bourgeois" gewordenen und den „spiritualisierten" Bürger. Dieses Denkmodell gewinnt Gestalt in der Personenkonstellation des Romans. In den Antipoden Diederich Heßling und Wolfgang Buck demonstriert Heinrich Mann seine Konzeption von der Polarisierung des Bürgers in zwei Typen: den einen, in dem ein berechnender Handlungstrieb übermächtig geworden ist, und den anderen, der von einer ästhetisierend-reflektierenden Skepsis beherrscht wird. So diametral verschieden beide Repräsentanten der bürgerlichen Gesellschaft sich auch darstellen, so wird im Laufe des Romangeschehens dennoch auf einen geheimen Zusammenhang hingewiesen, den die naivschlaue Guste Daimchen zum Ausdruck bringt: „Ihr paßt ja eigentlich großartig zueinander, bloß daß ihr so förmlich tut." (S. 327)

Heinrich Mann begreift die deutsche Geschichte des 19. Jahrhunderts unter dem Signum des Absinkens eines urbanen revolutionären Bürgertums, dessen eigentlicher, wenn auch in der Gegenwart der Jahrhundertwende völlig antiquiert wirkender Typ sich in der einzigen ganz ehrenwerten Gestalt des Vater Buck darstellt. Der Autor interpretiert diese historische Entwicklung aus der idealistischen Perspektive, daß durch den Abfall des Bürgertums vom „Geist" ein gesellschaftlicher Wertwandel ausgelöst wurde, der schließlich im Militarismus und in der Verherrlichung nationaler Machtposition der Wilhelminischen Ära enden mußte. An dieser Stelle muß darauf hingewiesen werden, daß Heinrich Manns Interpretation der deutschen Geschichte im 19. Jahrhundert bestimmt wird durch die Idealisierung der bürgerlichen Revolution von 1848 in Anlehnung an die Ideen der „Déclaration des droits de l'homme et du citoyen", wie sie im „Untertan" in der politischen Überzeugung des alten Herweghianers Buck zum Ausdruck kommt. Im Handlungszusammenhang des Romans wird diese These an zwei diametralen Familienentwicklungen demonstriert: an dem Aufsteigen der mittelständischen Fabrikantenfamilie Heßling zu Ansehen, Macht und Erfolg und an dem Absinken der ehemals angesehenen, vom bügerlichen Liberalismus geprägten Honoratiorenfamilie Buck in Isolierung und Vergessenheit. In Wolfgang Buck, dem Sohn, wird dabei das um die Jahrhundertwende oft bemühte Dekadenzmotiv, dessen exemplarische Version Thomas Mann in vielfältiger Variierung gelungen ist, ausgespielt: Wolfgang Buck wird in den zahlreichen Episoden des Romans, die ihm gewidmet sind, als ein ,,Schöngeist'' und ,,Ästhet'' charakterisiert, der sich anstelle seiner Rechtsanwaltspraxis lieber dem Theater widmet, weil er das Theater als ,,ehrliche Komödie'' dem ,,Schmierenschauspiel'' der Gesinnungsprostitution gegenüber der Macht vorzieht. Buck flößt seinem Antipoden Heßling ein unerklärliches, aber tiefes Mißtrauen ein. Diederich vergleicht Buck mit einer ,,Qualle'', er betrachtet ihn als Alkoholiker, der nicht normal ist, als einen dünkelhaften Gecken von einer alles zerfressenden Überzeugungslosigkeit, einen Seiltänzer, einen Mann, dessen ,,Skepsis'' und ,,schlaffe Gesinnung'' nicht zeitgemäß sind. Dies sind die direkten Charakterisierungen aus dem ,,Untertan'', — sie atmen den uralten Argwohn des unreflektiert Agierenden gegenüber dem Geist, ein Argwohn, der in der Zeit Heinrich Manns ebenso als literarisches Motiv wie auch als politisches Symptom auftaucht. Im Hinblick auf das letztere könnten wir fast von Prophetie sprechen: Hitlers späterer Anti-Intellektualismus ist in Heßlings Beurteilung Wolfgang Bucks vorempfunden. Wir weisen diesbezüglich auf eine Stelle in Hitlers ,,Mein Kampf'' hin, wo Heßlings Terminologie in noch stärkerer Simplifizierung wiederkehrt: ,,Unsere geistigen Schichten sind besonders in Deutschland so in sich abgeschlossen und verkalkt, daß ihnen die lebendige Verbindung nach unten fehlt.''[58] Ebenso wiederzufinden ist

[58] Adolf Hitler, Mein Kampf, München 1940, S. 480

in diesem Exkurs über Deutschlands Intellektuelle Heßlings Vorwurf der ,,schlaffen Gesinnung": ,,Es fehlt diesen oberen Schichten aber zweitens auch die nötige Willenskraft. Denn diese ist in abgekasteten Intelligenzkreisen immer schwächer als in der Masse des Volkes."[59] Wenn auch die Motivierung eine andere ist, so ist die anti-intellektuelle Tendenz bis zur weitgehenden Übereinstimmung augenfällig. Bei Renate Werner heißt es zu der Gestalt von Wolfgang Buck: ,,In dieser apriorischen Verdächtigung dessen, der schon immer (wie Wolfgang Buck) ,,geistreich(e)" deutsche Aufsätze schreiben konnte, in dessen Familie stets der ,,Literat" herauskommt, durch den Spießbürger, der immer die ,,richtige" Gesinnung besitzt, indiziert Heinrich Mann die unüberbrückbare Verachtung des bourgeois gewordenen Bürgertums für den ,,Geist" und die Inkriminierung, ja Kriminalisierung des Intellektuellen."[60]

Heinrich Mann verweilt im 1. Kapitel des ,,Untertan" ausführlich bei der autoritären Erziehung des weichlichen Knaben Diederich durch den Vater mit dem ,,Unteroffiziersgesicht", eines ebenso beliebten wie abgebrauchten Motivs überdies, das sich bis in die Literatur unserer Tage erhalten hat und beinahe zum Klischee geworden ist (z. B. in: Lenz ,,Deutschstunde", Haertling ,,Hubert oder Reise nach Casablanca"!). Der direkten Aufzählung der Erziehungsmittel ,,einer harten Zeit" durch Elternhaus, Schule, Korporation, die sich im Roman an dieser Stelle findet, ist nichts hinzuzufügen, da alles ausgesprochen wird. Ob hier der flattierende Ausdruck ,,mit definitatorischer Schärfe", wie Schröter in seiner Besprechung des ,,Untertan" die Darstellung der Kindheit kommentiert, den Sachverhalt trifft, bleibe dahingestellt. Wir finden die Tonart Schröters in den Besprechungen des schriftstellerischen Wrkes H. Manns gelegent-

[59] ebda S. 480

[60] Renate Werner, Skeptizismus, Ästhetizismus, Aktivismus, a.a.O., S. 341

lich unsachlich überhöht, fast defensiv denen gegenüber, die eine abweichende Meinung über diesen Autor zu deklarieren wagen. —

Heßling, ein ,,weichliches" Kind, von mütterlicher Seite in dieser Beziehung vorgebildet, ist anfällig für Angstzustände jeder Art. z. B. — höchst aktuell — durch die Märchen dazu animiert. Alles wird in den Rahmen dieser glücklosen Kindheit summarisch eingeordnet: ,,Nach so vielen furchtbaren Gewalten, denen man unterworfen war, nach den Märchenkröten, dem Vater, dem lieben Gott, dem Burggespenst und der Polizei ... nach allen diesen Gewalten geriet nun Diederich unter eine noch furchtbarere, den Menschen auf eimal ganz verschlingende: die Schule." (S. 10) Die Erinnerungen an eine unglückliche Schulzeit in seiner Heimatstadt Lübeck mögen hier als Vorbild gedient haben. Parallelen finden sich vor allem in Thomas Manns ,,Tonio Kröger" auf den wenigen Seiten, die von seinen Schulerfahrungen berichten. Die Neigungen beider Brüder, Autobiographisches zu verwenden, tritt hier zutage. Höchst bemerkenswert ist das verwendete Motiv der ,,roten Tinte", das hier wie dort als Ausdruck der Schulmacht über den Jugendlichen gesehen wird. Wie sie in Tonio Krögers Schulerlebnis als Mittel erfahren wird, durch mehr oder minder intensive Anwendung bedrohliche Wirkungen zu erzielen, erweist sich als ein Effekt satirischer Schärfe. Dennoch ist weit mehr als bei Heinrich Mann, dessen spürbares Ressentiment auch hier allzu grell und direkt die Darstellungsweise bestimmt, das Motiv bei Thomas Mann artistisch verwendet, — es wird nicht unverhältnismäßig pointiert und übersteigert, sondern im Rahmen epischer Kontinuität ironisierend zwar, aber angemessen eingeordnet. Wo Thomas Mann gestaltet, zählt Heinrich Mann auf, wie das o. a. Zitat veranschaulicht. —

Schon in dieser Jugendentwicklung erweist sich in Heßling der künftige Untertan: wer so bedingungslos unter der Macht steht, ist ihr zugleich mit einer Art von Wollust unterworfen. Um das zu veranschaulichen, schreckt Heinrich

Mann vor dem extremsten Mittel der Groteske nicht zurück: ,,Diederich umwand sogar den Rohrstock" (mit Kränzen), ,,immer blieb er den scharfen Lehrern ergeben." (S. 11) Das Problem der Macht zeigt sich Diederich Heßling schon früh in seiner Doppelgesichtigkeit, — in der Furcht vor ihr und zugleich in der Wollust, ihr untertan zu sein, wie es ähnlich in der Kurznovelle ,,Abdankung" behandelt wird. Heinrich Mann spart in der Jugendgeschichte Heßlings nicht an Hinweisen auf die Macht: sie ist das Hauptthema des Romans. Ihre Doppelgesichtigkeit erweist sich in dem ,,heiligen" und ,,süßen" Schauder, den sie ausübt. Zur Veranschaulichung der Macht steht eine in ihrem Umrissen etwas schillernde Metapher zur Verfügung; übereinstimmend in allen verkommenden Varianten dieser Metapher ist das konstruktive Bild des Räderwerks: ,,Die Macht, die ihn in ihrem Räderwerk hatte ..." (S. 11) Die Vorstellung des Starren und Steinernen, die der Macht zugeordnet ist, tritt auch in der ,,Blut- und Eisenmetapher" in den Vordergrund: ,,Blut und Eisen bleibt die wirksamste Kur! Macht geht vor Recht." (S. 332) Andere Stellen personifizieren die Macht in Anlehnung an animalische Vorstellungen des Grausam-Bestialischen: ,,Nun hatte sie ihn an der Kehle, die Macht." (S. 51)

Die Doppelgesichtigkeit der Macht, die Heßling ebenso als Anbetender wie als Erleidender erfährt, führt gelegentlich zu Krisen ohnmächtiger Auflehnung, z. B. anläßlich seines Besuches beim Regierungspräsidenten v. Wulckow, wo die sonst befolgte Devise: ,,Wer treten wollte, mußte sich treten lassen" einem Rest von Menschenwürde in ihm nicht standhält und den Jünger der Macht unsicher werden läßt. Wie der Autor in direkter Charakterisierung zum Ausdruck bringt, sind ,,die Korporation, der Waffendienst und die Luft des Imperialismus" die formenden Kräfte, die jenen Typ heranbilden, der in der Titelfigur des ,,Untertans" veranschaulicht wird. Man hat ihn im Gegensatz zu dem liberalen Großbürger Wolfgang Buck als den bourgeois-Bürger (Spießbürger) bezeichnet. In seiner Eigenschaft als Verteidiger im Majestätsbeleidungsprozeß gegen Lauer — Heinrich Mann hat diesen Prozeß in einem Brief an Maximilian Brantel (14. 1. 1913) ,,das Centrum'' und das Plädoyer des Verteidigers den ,,centralen Punkt'' genannt — gibt Buck eine Definition dieses Typs und entlarvt ihn in seinem Rollenspiel: ,,Ich werde also nicht vom Fürsten sprechen, sondern vom Untertan, den er sich formt; nicht von Wilhelm II., sondern vom Zeugen Heßling.'' (S. 245) ...''Ein Durchschnittsmensch mit gewöhnlichem Verstand, abhängig von Umgebung und Gelegenheit, mutlos, solange hier die Dinge schlecht für ihn standen, und von großem Selbstbewußtsein, sobald sie sich gewendet hatten.'' (S. 246) ...,,Was hinzukommt und ihn zu einem neuen Typus macht, ist einzig die Geste: das Prahlerische des Auftretens, die Kampfstimmung einer vergeblichen Persönlichkeit, das Wirkenwollen um jeden Preis, wäre er auch von anderen zu bezahlen. Die Andersdenkenden sollen Feinde der Nation heißen, und wären sie zwei Drittel der Nation. Klasseninteressen, mag sein, aber umgelogen durch Romantik. Eine romantische Prostration vor einem Herrn, der seinem Untertan von seiner Macht das Nötige leihen soll, um die Kleineren niederzuhalten. Und da es in Wirklichkeit und im Gesetz weder den Herrn noch den Untertan gibt, erhält das öffentliche Leben einen Anstrich schlechten Komödiantentums. Die Gesinnung trägt Kostüm, Reden fallen wie von Kreuzrittern, indem man Blech erzeugt oder Papier, und das Pappschwert wird gezogen für einen Begriff wie den der Majestät, den doch kein Mensch mehr, außer in Märchenbüchern, ernsthaft erlebt.'' (ebda) Dies ist die Absage an jede mythisch-magische Tradition der Majestät aus dem Munde eines aufgeklärten Intellektuellen des beginnenden 20. Jahrhunderts, es ist das demokratische Glaubensbekenntnis des Autors selbst, als dessen Sprachrohr Wolfgang Buck hier auftritt.

Dieser direkten Charakteristik, die in voller Breite eingefügt wurde, da sie zugleich die Interpretation der Hauptfigur ist, kann von der Sache her kaum etwas hinzugefügt werden. Die kritische Untersuchung hat lediglich auf das Symptomatische der Aussage selbst ihr Augenmerk zu richten. Da hier von dem Typus des Durchschnittsmenschen und von dem allgemeinen Geist der Wilhelminischen Epoche die Rede ist, muß davon ausgegangen werden, daß der Autor beabsichtigt, seine Leseart als wahre Abbildung des Zeitalters — wenn auch in bewußt karikierender Form — literarisch darzustellen. So ist es auch von einigen Betrachtern seines schriftstellerischen Werkes aufgefaßt worden, besonders u. a. von Klaus Schröter, der in unkritischer Anlehnung an Tucholskys Beurteilung des ,,Untertans" dessen Meinung vorbehaltlos übernimmt. Wir folgen in dem o. erörterten Zusammenhang der kritischen Stellungnahme Ulrich Weissteins, der trotz aller Anerkennung der besten Absicht Heinrich Manns und der absoluten Redlichkeit seiner Motivation die unbedingte Glaubwürdigkeit der geschilderten Zustände in Zweifel zieht: ,,Bei aller Bewunderung für die im deutschen Sprachraum einmalige Leistung des Satirikers Heinrich Mann kann man in der Tat nicht umhin zu bemerken, daß dieser Dichter, wenngleich in bester Absicht, das Typische im deutschen Charakter herauszuarbeiten, statt der konzentrischen Regel gern die exzentrische Ausnahme anvisierte und karikaturistisch verzerrte. So ist mehr als fraglich, ob der ,,Untertan" wirklich und wahrhaftig die ,,Geschichte der öffentlichen Seele unter Wilhelm II. ist, wie sein Verfasser vorgibt."[61] Thomas Mann wirft seinem Bruder Heinrich vor, er habe im ,,Untertan" den Boden der Realität verlassen und sich in einen luftleeren Raum begeben, er spricht von einem ,,Zerrbild ohne Wirklichkeitsgrund."[62] Viktor Mann, der jüngere Bruder, nimmt es Heinrich weniger übel, wenn er die Realität verfremdet, indem er beispielsweise nur

61) Ulrich Weistein, Besichtigung eines Zeitalters, a.a.O., S. 12

62) Thomas Mann, Betrachtungen eines Unpolitischen, Ges. Werke, S. Fischer Verlag, Frankf. a. Main, Bd. XII, S. 565

die dunklen Seiten des Couleurwesens aufzeigt und verallgemeinert. Dennoch fragen wir mit Ulrich Weisstein, ob man tatsächlich gute Satiren schreibt, wenn man Verhältnisse und Verhaltungsweisen schildert, die vom Kenner (in diesem Falle von dem Courleurstudent Viktor Mann) als ,,extreme Auswüchse'' bezeichnet werden.[63] Die Neigung Heinrich Manns, den Aspekt der Ausschließlichkeit eines bestimmten Verhaltens für ein allgemein übliches, typisches hinzustellen, zeigt sich gerade eben in den Passagen, die der Charakterisierung der Neuteutonia als einer den Typ des Untertans formenden Institution gewidmet sind. Die im wörtlichen Sinne so zu bezeichnende ,,Bierleiche'' des dicken Delitz, der im Dienste der Teutonia ,,in treuer Pflichterfüllung'' gestorben war, bildet den grotesk-markabren Höhepunkt dieser Passagen. Für Heßling gilt die ,,Neuteutonia'' als Vorform des Militärdienstes: ,,Er war untergegangen in der Korporation, die für ihn dachte und wollte.'' (S. 32) Sie war der geistige Rahmen, in dem sich sein fragwürdiger, weil fassadenhafter Ehrbegriff formte. Kneipen und Pauken bedeuten Erziehung zur Mannhaftigkeit und zum Idealismus. Im ,,Hymnus auf das Bier'' wird die karikierende Polemik zur Blasphemie: ,,Ja, das Bier erhob einen so sehr über das Selbst, daß man Gott fand.'' (S. 32) Ähnlich, wenn auch menschenunwürdiger wird die Dienstzeit beim Militär gesehen; sie bringt Heßling in den Konflikt zwischen Reden und Tun. Die kurze Phase in der Armee setzt den Schlußpunkt unter die Entwicklung des bourgeois-Bürgers, ehe er in seiner Heimatstadt Netzig zum Agierenden der Macht wird. —

Im Romangeschehen sind — entsprechend der Absicht der Polarisierung — die vier großen Gespräche Heßlings mit Wolfgang Buck von Bedeutung, die im II., IV. und V. Kapitel eingefügt sind. In diesen Gesprächen erweisen sich Diederich Heßling und Wolfgang Buck als ihrem Wesen und

[63] Ulrich Weisstein, ebda, S. 13

Denken nach gegensätzliche Repräsentanten derselben Epoche — ,,wir beiden Gegenpole'', wie Wolfgang Buck sich ausdrückt —, die gleichermaßen bestimmt sind, den ,,Geist der Zeit'' zu leiten. (vgl. S. 289) Beide Typen, wie o. bereits vermerkt, gelten als Vertreter der ,,décadence'', veranschaulicht in dem Sachverhalt, daß beide ,,Schauspieler'' sind, die eine Rolle spielen. Bucks Zugehörigkeit zur ,,décadence'' ist augenscheinlich: ,,Er ist jung, zieht seine skeptischen Theorien den praktischen Rücksichten vor'', so hat Heinrich Mann ihn Maximilian Brantl gegenüber direkt charakterisiert (Brief v. 18.11.1912). Er ist der Nicht-Agierende und gehört in die Reihe jener Skeptiker, die Heinricht Mann vorwiegend in seinem Frühwerk (z. B. ,,In einer Familie'') gestaltet hat und die von der ,,Fin-du-siècle''-Stimmung erfüllt sind, die auch ihren Autor in dieser Epoche charakterisiert hat. —
Wie häufig bei Heinrich Mann besteht auch im Hinblick auf den ,,Untertan'' ein deutlicher Zusammenhang zwischen Essay-Literatur und fiktivem Werk: der Essay ,,Kaiserreich und Republik'' (1918) bietet in seinem historisch-philosophsichen Gehalt den Schlüssel zu Wolfgang Bucks Thesen und Theorien in den bezeichneten Stellen des Romans. Wie schon oft orientiert sich Heinrich Mann zum Vergleich an der französischen Geschichte: Parallelen zu dem Kaisertum Napoleons des Dritten mit seiner Fassadenherrlichkeit und seiner Theaterregie werden gezogen und als die Merkmale der deutschen Reichsgründung von 1871 aufgezeigt. In der Passage ,,Der Untertan'' wird Wilhelm II. als Modell dieser Epoche gesehen, er demonstriert den Nachahmungstrieb der Deutschen, er ist ,,ein Schein'', ,,eine Bühnenlarve''. ,,So sieht ihn auch Wolfgang Buck und reduziert folgerichtig Kaiser und Untertan auf ,,den Schauspieler'', den die Geschichte als den repräsentativen Typus dieser Zeit nennen'' werde ...''.[64)]

64) Klaus Schröter, Heinrich Mann, a.a.O., S. 19

Sprachliche Analyse des Romans

Der Roman ,,Der Untertan" ist stilistisch weitgehend bestimmt durch die Individualsprache seiner grotesken Hauptfigur, die zugleich allgemein als die allgemeine Sprache eines besonderen Typs verstanden wird: durch Heßlings schneidige Redweise als Ausdruck des Rollenspiels der Identifikation mit dem Kaiser. Zugleich ist sein Stil geprägt durch die Kollektivsprache des Komment im Rahmen der ,,Neuteutonia", deren Kernsprüche in Heßlings Redeweise wiederkehren. Damit sind in diesem Roman — mehr als in jedem anderen Werk Heinrich Manns — die sprachlichen Mittel der Groteske vorherrschend: sie bestimmen die Wortwahl, die Metaphern und die Satzfügungen des Textes. — Zu diesem o. a. ,,Rollenspiel der Identifikation mit der Macht" gehört ein Komplex festgefügter Platitüden, markiger Sinnsprüche, Wendungen der Strammheit, der Deutschtümelei, der abgehackten und martialischen Redeweise, wie sie im ,,Untertan" so zahlreich sind: ,,Wir scherzen nicht mit den heiligsten Gütern" (S. 161), ,,Wir werden den Sumpf schon trockenlegen", ,,Ich weiß, was ich der Ehre meiner Korporation schulde", ,,Ich bin mir der übernommenen Verantwortung voll bewußt", ,,In dieser harten Zeit ... muß jeder seinen Mann stehen", ,,Ihre Skepsis und Ihre schlappe Gesinnung sind nicht zeitgemäß", ,,Die nationale Tat hat die Zukunft", ,,Das Heiligste in den Schmutz ziehen", ,,Deutschtum heißt Kultur", ,,... bis die Erde deutsch sei" u. ä. Besonders Heßlings Rede zur Denkmalsenthüllung zeigt eine Anhäufung aller auch sonst im Roman auftretenden Aussprüche: Thron und Altar werden bemüht, ebenso die Verantwortlichkeit vor dem eigenen Gewissen. ,,Blut und Eisen" sind die martialischen Kernwörter dieser Redeweise, die sich an der (hier allerdings grotesk verzerrten) Redeweise des Kaisers orientiert; Ausdrücke wie ,,Erbfeind", ,,Schlammflut und Demokratie", ,,deutsche

Mannhaftigkeit", „auszurotten bis auf den letzten Stumpf", „himmlischer Appell", „des Reiches Wohl" beherrschen die Rede der Hauptfigur.
In dieser satirischen Abrechnung mit der Phrasiologie der Deutschtümelei wird kein Akzent ausgespart. Auffällig in diesen Kernsprüchen sind die Elemente einer antiquierten Sprachform: „so sei dem!". „Die Präsidentin hat recht wacker gedichtet", „Haben Sie denn so viele Dichter in ihrer werten Familie?" u.s.w., vor allem aber die häufige Verwendung der Form „ward", für die sich unzählige Beispiele finden lassen.
Neben dieser der grotesken Verhöhnung dienenden Sprechweise und Wortwahl fällt die Komik satirischer Extremismen ins Auge, die der Charakterisierung der Figuren dienen. Physionomisch motivierende Angaben über das Wesen einer Person werden häufig im Bereich des Animalischen gefunden: das bezieht sich auf die Auswahl des Nomens wie des Verbs. „Fauchen, schnaufen, krähen, grunzen, brüllen, glotzen" stehen an Stelle des Verbs „sagen", — eine Manie, die Heinrich Mann weitgehend in dem Bereich dieses Tätigkeitswortes anwendet. Statt „sagen" oder „antworten" steht „heischen", „greinen", „keifen", „schrillen", „kreischen", „blitzen" u.s.w., letzteres ein Ausdruck, der die Identifikation mit der kaiserlichen Macht symbolisiert und im Roman in Form eines Leitmotivs immer wiederkehrt. Zu den Tätigkeitswörtern, die, wie die Beispiele zeigen, vorwiegend aus dem Bereich des Animalischen genommen sind, gehören die sich auf dem gleichen Felde bewegenden Metaphern zur Charakteristik der Personen: Guste Daimchens etwa, bei der — statt des „verbum dicendi" — „grunzen" eingesetzt wird und die bei ihrem ersten Erscheinen mit einem „frisch gewaschenen Schweinchen" verglichen wird. (S. 106) Jadassohn „krähte" und Diederich „schnaufte", — ein Verb, das im Zusammenhang mit ihm häufig statt „sagen" gebraucht wird. Der Sozialdemokrat Napoleon Fischer in Heßlings Papierfabrik wird nach Diederichs erstem

Eindruck im o. a. Zusammenhang folgendermaßen charakterisiert: ,,Und Napoleon Fischer schlich, je aufrechter und heller Diederich dastand, desto affenähnlicher vorbei, die Arme nach vorn hängend, mit schiefem Blick und den fletschenden Zähnen in seinem dünnen Bart" (S. 178) Beispiele für Tiervergleiche zur Charakterisierung von Personen kann man im Roman häufig finden; Guste als ,,fette Gans" wäre in diesem Zusammenhang noch zu nennen, um die Art zu charakterisieren, wie die Satire hier mit Menschen umgeht. Aus dem animalischen Bereich sind oft auch die Bildvorstellungen entlehnt, die Gestik und Mimik der Personen charakterisieren. Wir zitieren hier ein Beispiel für viele: ,,Diederich aber, noch immer des Äußersten gewärtig, kroch auf allen Vieren die Estrade hinan und versteckte sich hinter dem bronzenen Kaiser." (S. 465) Die physionomischen Mittel, aus der äußeren Erscheinung eines Lebewesens auf die innere Beschaffenheit schließen zu lassen, wendet der Autor häufig im ,,Untertan" an: ebenso spielt eine solche Neigung Heinrich Manns in der Novelle ,,Abdankung" eine entscheidende Rolle, um die Dämonie der Unterwürfigkeit zum Ausdruck zu bringen. So geschieht es im ,,Untertan" anläßlich von Heßlings Demütigungen in Phasen ,,kurzen Machtdünkels" seiner Frau Guste (S. 410), die in Heßling jenen Umschwung von Tyrannei zur Würdelosigkeit völliger Unterwerfung in der o. a. Erscheinung des kriechenden Tierbildes deutlich machen. Mit Vorliebe charakterisiert Heinrich Mann auch seine Figuren zum Zweck der Ridikülisierung, indem er die Personen auf gewisse, ihm bestimmend erscheinenden Körperteile reduziert: ,,Als Diederich sich glücklich ihr nachgearbeitet hatte, standen sie da und schnauften. Gustes Busen und Diederichs Bauch gingen beide im Sturm." (S. 263)

Im Dienste der Charakterisierung zum Zweck extremer Ridikülisierung steht auch weitgehend die Namengebung im Roman. Nur wenige besonders charakteristische Beispiele sollen hier herangezogen werden. In der Titelfigur ,,Heßling" wird durch Austausch des Vokals ,,e" durch ,,ä" unschwer ,,häßlich" als charakterisierendes Eigenschaftswort erkannt, ebenso geht Heinrich Mann bei der Verdrehung des Namens ,,Jadassohn" aus ,,Judassohn" vor. Assoziationen stellen sich auch bei dem Namen des Redakteurs ,,Nothgroschen" ein, ähnlich bei Guste Daimchen, — letztere wird zweifellos mit diesem Namen in die Nähe der Kaiserin Auguste Viktoria gerückt. Bei Professor ,,Kühnchen" wird der komische Effekt durch Aufhebung des Begriffes ,,kühn" mit Hilfe des Diminuitivs ,,chen" erzielt; in den gleichen Zusammenhang des Lächerlichmachens gehört die Abkürzung des martialisch klingenden Namens ,,Diederich" in ,,Diedel", wie er im familiären Bereich von Mutter, Schwester und Frau gebraucht wird.

Zur Verdeutlichung der Machtanbetung der Hauptfigur ist auch die Wortwahl auffällig, die sich auf den Begriff ,,Glanz" bezieht: Blitzen von Gold, Geschmeide, Kristallen, Fahrzeugen ist eine Art von Zwangsvorstellung in diesem Stil. Banuls sagt zu dieser Form und zu diesem Vokabular: ,,Diese Klänge und Bilder gehören zur gefühlsmäßigen und weltanschaulichen Struktur fast jedes expressionistischen Gedichts."[65] Banuls gehört zu den wenigen Literaturwissenschaftlern, die sich bei der Betrachtung des ,,Untertan" detailliert mit der Stilform dieses Romans befassen. Er weist darauf hin, daß die betörende Mehrdeutigkeit von Glitzern, Funkeln, Gleißen, Blenden, Blinken, Prahlen die Majestät von Prunk und sinnlicher Freude veranschaulicht. So beliebt wie das leitmotivisch gebrauchte ,,blitzen" ist das dynamische Adjektiv ,,jäh" im Zusammenhang mit den Verben ,,zischen", ,,fauchen", ,,schnauben", ,,krächzen" ,,kreischen" u. a. Das Epitheton der Versteinerung ist ,,starr"; es bezieht sich auf die Bereiche der Macht, z. B. ,,ehern": ,,... das eherne Gesetz der Macht" (S. 417). Dazu gehört die

[65] André Banuls, Heinrich Mann, Kohlhammer Verlag, Stuttgart 1970, S. 195

Vorstellung der Macht als „Räderwerk" (S. 192) Banuls sagt zu dieser Wortwahl: „Eine Aggressivität wird hier sichtbar, die möglicherweise in der explosiven Kombination von schöpferischem Genius, Überlegenheitsgefühlen, sinnlichem Impetus, rauschhaftem Erleben, Einsamkeit und Frustration ihren Ursprung hat. ... Vor allem in den „Armen", im „Kopf" und in den letzten Romanen entfesselt sich eine Hölle, in der nur noch „bissiger" Umgang statthaft erscheint. Man schreit und bellt, kläfft, plärrt, kreischt, brüllt und keift. ... Ein Höhepunkt dieses infernalischen Konzerts ist folgende Stelle in den „Armen": „Er keifte mit Weiberstimme ... Er donnerte furchtbar, Guste, die Anklam, Gretchen kreischten und hielten sich vor dem eigenen Gekreisch die Ohren zu, ..."[66] Ähnliche Passagen finden sich auch im „Untertan", bsonders in der Denkmalsszene am Schluß des Romans. Wenn die Stimme erstickt, zeigt sich die „Wut" noch mit „Messergeklirr und rauhen Kehllauten, oder man zischt einem ins Gesicht, daß es stob, faucht, keucht, schnaubt ..." oder „Schwierigeres und Tieferes kündigte sich an mit Schnaufen und Bauchklemmen" (S. 495)
Diese grelle Darstellungsart, in der jedes Maß stellenweise abhanden gekommen ist, manifestiert sich in grotesken Bildern: Personen watscheln, Bäuche schlenkern oder „gehen im Sturm!", — letzeres ein Beispiel für einen ungewöhnlichen, ja gesuchten Ausdruck, der gegen den normalen Sprachgebrauch verstößt. Beispiele dieser Art sind im „Untertan" häufig zu finden: „Nothgroschen stellte beteuernd die Hand vor sich hin." (S. 160) oder: „Als er es endlich unternahm, mit einer Gesichtshälfte auf die Erde zu spähen, ..." Ähnliche Konstruiertheit im Umgang mit der Sprache zeigt sich in gewissen Seltsamkeiten in der Wörterverbindung, die durch keinerlei brillanten Effekt gerechtfertigt erscheinen, wie z. B. „Diederich unternahm einen Handkuß", „Wulckow dröhnte übermenschlich" u. ä. Kenner der deut-

[66] André Banuls, Heinrich Mann, a.a.O., S. 193

schen Sprache sprechen bei Wortverbindungen dieser Art von ,,Stilgaukelei"[67]. Eine solche Charakterisierung erscheint uns auf gewisse Auswüchse H. Mannschen Stils anwendbar, selbst wenn Klaus Mann für jeden Kritiker der Sprache Heinrich Manns eine höchst simplifizierte Erklärung zur Hand hat: ,,Übrigens ließ ihn auch sein literarischer Stil verdächtig erscheinen. Dieser Stil war dem deutschen Mittelstand nicht vertrauenerweckend; er war nicht bieder, behäbig, sentimental oder schalkhaft, vielmehr nervös, reich mit Reizen beladen, die man bei uns fremdartig empfand; europäisch, raffiniert, dabei höchst persönlich — eigenwillig und unverwechselbar geprägt. Die deutschen Spießer fühlen sich beunruhigt durch dieses Phänomen.[68] Da die ,,Prüfungen" als ,,Schriften zur Literatur" deklariert sind, müßte mehr zur Sache selbst, nämlich zur ,,Sprache" ausgesagt werden, statt lediglich höchst — allgemeine und vage Äußerungen zu tun, wie es hier geschieht. Auch ist die Tonart zu ressentimentgeladen, als daß sie ganz ernstgenommen werden könnte. — Daß Heinrich Mann nicht allgemein als der Artist schlechthin angesehen wird, für den Benn und andere Zeitgenossen ihn gehalten haben, ist heute in der Sekundärliteratur keine vereinzelte Meinung mehr. Wir zitieren als Bespiel hier eine Stelle aus Edgar Lohners Untersuchung ,,Heinrich Mann", die sich zwar speziell auf die Sprachform des Romans ,,Jagd nach Liebe" bezieht, die aber zugleich allgemeine Feststellungen über den Stil des Autors enthält: ,,... Sprache, Stil und Struktur (sind) dem großen Thema bei weitem nicht gewachsen .... Der Flachheit des erzählerischen, viel zu weit ausgedehnten Bereichs entspricht die Flachheit eines Stils, die Heinrich Mann keineswegs als den Artisten kennzeichnet, als den Benn und andere ihn gesehen haben. Fügung der Sprache und Dialogführung nähern sich oft der Melodramatik und Senti-

[67] Ludwig Reiners, Der sichere Weg zum guten Stil, München 1951, S. 116
[68] Klaus Mann, Prüfungen, München 1968, S. 233

mentalität von Hintertreppenromanen."[69] Es folgen Beispiele für diese Behauptung, die aber im Rahmen der vorliegenden Arbeit von weniger speziellem Interesse sind. Kritisch, wenn auch nicht in so scharfer Ablehnung beschäftigt sich André Banuls mit dem Stil Heinrich Manns, dem er ein ganzes Kapitel seiner Untersuchung des Autors widmet.[70]

Wenden wir uns nach der Betrachtung von Wortwahl und Wortverbindungen der Untersuchung des Satzbaus im ,,Untertan" zu, so stellen wir fest, daß Heinrich Mann nicht allzu präzise mit der Syntax umgeht. Genauigkeit der Satzgefüge ist nicht seine Sache. In eigenmächtiger Weise werden Position des Verbs, adverbiable Bestimmungen und Präfixe ungrammatisch verändert, Hilfsverben werden weggelassen, Satzfügungen, z. B. der Gebrauch des Relativsatzes — im Widerstreit zu den Stilregeln der deutschen Sprache — manieriert gehandhabt. Besonders für letzeres gibt es im ,,Untertan" zahlreiche Beispiele: ,,Er zog Diederich, der sich eifrig verbeugte, bei der Hand herein." (S. 118), ,,Und Diederich, der aufseufzte und die Augen schloß, setzte den Hut wieder auf." (S. 380), ,,Der Kaiser steht früh auf", hatte er Guste bedeutet, die nur aus den Kissen grunzte." (S. 380) u.s.w. Beispiele dieser Art sind durch den ganzen Roman hindurch zu verfolgen. Sie zeigen den Relativsatz — entgegen seiner eigentlichen Bestimmung, nur attributiv eingesetzt zu werden — in der Funktion einer weiterführenden Handlung, was bei einem empfindlichen Sprachgefühl ein gewisses Unbehagen auslöst. Auch sonst zeigen sich eigenwillige Fügungen im Satzgebrauch, z. B. eine deutliche Vorliebe Heinrich Manns für die Kreuzstellung von Satzgliedern: ,,Judith Lauer, deren Brauen sich dunkel zusammenzogen, ihr Mann, der aufseufzte — und die Frau des Ältesten sogar faltete vor dem Gesicht ihre Arbeiterinnenhände."

[69] Edgar Lohner, Heinrich Mann, a.a.O., S.
[70] vgl. André Banuls, Heinrich Mann, a.a.O., S. 174ff

(S. 496) Auch das folgende Beispiel aus dem ,,Untertan'' enthält gewisse Manien des H. Mannschen Satzbaus: Ellipse des Verbs (es fehlt ,,war es'') und eine für die deutsche Sprache höchst ungewöhliche Satzstellung: ,,Ein ganzes Volk, sollte man glauben, und welchen Wesens, daß es durch sein Kommen dies geisterhafte Glück hervorrief in den Zügen des alten Buck.'' (S. 496) Der Satz, so wie er dargeboten wird, ist grammatisch undurchschaubar. —
Die Neigung, unvollständige Sätze zu bilden, ist durch den ganzen Roman hindurch festzustellen. Man sollte nicht — das ist uns ebenso klar wie vielleicht den Kritikern unserer hier geäußerten Meinung — mit der Grammatik in der Hand an den Stil eines Schriftstellers herangehen: wir würden bei Stifter, bei Fontane, ja bei Kleist damit gelegentlich auf der Strecke bleiben. Aber welche Wirkungen werden z. B. bei Kleist im ,,Bettelweib von Locarno'' durch jenen eigenwilligen Satzdreh erreicht (,,... und rückwärts gegen den Ofen weicht er aus'', Kleists Werke, Hanser Verlag, II, S. 198).[71]
Man kann das bei dem folgenden Beispiel (und bei ähnlichen solcher Art) aus Heinrich Manns ,,Untertan'' wohl kaum sagen: ,,Sich gegen die Wand rückend und einen Blick hinein.'' (S. 495). —
Wir räumen ein, daß ganze Passagen von unvollständigen Sätzen, wie sie bei der II. Kaiserbewegung in Rom oder bei der Denkmalsenthüllung in großer Anzahl zu finden sind, dem Effekt der Dynamik und Spannung dienen und damit in diesem speziellen Fall einen poetischen Sinn haben. Da sie sich aber nicht auf bestimmte Stellen beschränken, sondern permanent auftreten und damit erweisen, daß sie dem H. Mannschen Stil wesenseigen sind, kann man gegenüber einer solchen stilistischen Manie ein gewisses Unbehagen nicht unterdrücken. —

[71] vgl. dazu: Emil Staiger, Kleist, Das Bettelweib von Locarno, In: Meisterwerke deutscher Sprache, Atlantis-Verlag Zürich, 1948, S. 100-118

SCHLUSSWORT

Betrachtet man die kritischen Äußerungen zu Heinrich Manns literarischem Werk, so fällt auf, wie sich in dieser Hinsicht die Geister scheiden. Die meisten Leser bezw. Kritiker neigen dazu, je nach Geschmack eine unterschiedliche Auswahl aus dem umfangreichen Angebot seiner Schriften zu treffen. Wir wissen, daß Tucholsky den ,,Untertan" pries, Benn ,,Die Göttinnen", Rilke ,,Zwischen den Rassen", Hesse ,,Die kleine Stadt" und Thomas Mann überraschenderweise dem ,,Kopf" und dem ,,Atem" besondere Anerkennung zollte. —

Auch heute noch bewegen sich die Urteile über diesen Autor zwischen Extremen von überschwenglichem Lob und scharfer Ablehnung. Ulrich Weisstein spricht in seiner Untersuchung ,,Heinrich Mann. Besichtigung eines Zeitalters", von einem ,,harten Kern von Enthusiasten, die alles, was aus des Dichters Feder kommt, fast ohne Rückhalt akzeptieren."[72] Symptomatisch für diese ,,Verwirrung der Gefühle" erscheint ihm die Kontroverse, die sich anläßlich der Lübecker Zentenarfeier und der Veröffentlichung der Acta entspann. So wurde dem Herausgeber des Tagesprotokolls vorgeworfen, er habe in einem Nachwort das Andenken Heinrich Manns geschändet und seine Dichtung diffamiert, weil er deren Schwächen nicht verheimlichte.[73]
Niemand, dem es um sachliche Kritik geht, wird behaupten können, daß dem Autor mit einer solchen Haltung ein Dienst erwiesen sei. Sie erscheint uns ebenso fragwürdig wie eine Ablehnung in Bausch und Bogen, wie sie auch gelegentlich in der Literaturkritik zu finden ist, abgesehen von der scharfen Verurteilung des enragierten Bruder Thomas

[72] Ulrich Weisstein, Heinrich Mann. Besichtigung eines Zeitalters, a.a.O., S. 24

[73] vgl. ebda, Anm. 70, S. 34

Manns in den ,,Betrachtungen eines Unpolitischen'', auf die im Verlauf der vorliegenden Arbeit hingewiesen worden ist. Angesichts einer so starken Differenziertheit der Meinungen ist es nicht leicht, eine allgemein überzeugende Wertbestimmung des Mannschen Oeuvres zu gewinnen. Für die Gegenwart wie für die Vergangenheit spielen sicherlich Rezeptionsprobleme eine entscheidende Rolle. Wenn wir auch Barner zustimmen, daß die Isolierung dieses Autors von seinem vorherigen Publikum im Exil sich ungünstig auf die Wiederaufnahme der unterbrochenen Tradition in den ersten Jahren nach dem Krieg ausgewirkt hat, so kann — um der Objektivität willen — ebensowenig übersehen werden, daß unsere unmittelbare Gegenwart der Exilliteratur aus verständlichen Gründen der Wiedergutmachung sehr viel Wirkungsmöglichkeiten einräumt.

Es kommt noch hinzu, daß das umfangreiche Werk Heinrich Manns in vielen Zusammenhängen steht und sich nicht über einen einzigen Gesichtspunkt betrachten läßt. Wir wissen von ihm selbst, daß er sich einerseits politisch verstand, andererseits aber den literarischen Aspekt nicht ausgeklammert haben wollte. Es ergibt sich daher aus der Intention und Beschaffenheit seines Werkes, ihn alternativ nach beiden Seiten ins Auge zu fassen. Da es sich bei Heinrich Mann um ,,Literatur'' handelt, erscheinen uns jene rein politischen Aspekte wenig legitim, die in zahlreichen Arbeiten der DDR aus den Jahren 1945-50 vorherrschen [z. B. Slochower, P. Merker (1947), Ilberg (1950), Rost u. Weiskopf (1950)], und die den Autor als ,,Verkünder des sozialistischen Staates'' preisen. Wir stimmen hier Lohner zu, der angesichts einer solchen Betrachtungsweise sagt: ,,Diese Art von Fehlurteilen kommt auf, sobald auf Literatur andere als ihre eigenen Kategorien angewendet werden oder aber nur ein isolierter Aspekt zum Maßstab des Ganzen erhoben wird.''[74)]

[754] Edgar Lohner, Heinrich Mann, a.a.O., S. 100

Bei der Beurteilung dieses Autors wird man gut daran tun, sich von Extremen der Anerkennung oder Ablehnung gleichermaßen fernzuhalten. In seiner politischen Intention war er ein redlicher und aufrechter Mann, der glaubte, was er in seinem Zola-Essay auch von sich selber sagte, ,,daß es (sein Werk) um so menschlicher werde dadurch, daß es politischer wird.'' Seine Bedeutung lag zweifellos auch darin, daß er in vielem die Rolle eines Initiators gespielt hat. Banuls sagt dazu, daß ,,die politische Ergriffenheit, der Belehrungseifer, die Allwissenheit des Erzählers in den streng satirischen Werken ihn wohl daran gehindert haben, in der eigentlichen Erzähltechnik Experimente zu wagen oder mitzumachen, die eine grundsätzliche Umwandlung dieser Gattung anstrebten.''[75] Er hält es allerdings für möglich, daß gerade dadurch der in der Erzählart konventionelle ,,Untertan'' dem Veralten entgehen werde.[76]
Am Ende seines Lebens fühlte sich Heinrich Mann zu Unrecht als politischer Romancier ,,festgelegt'' und ,,falsch entdeckt''; er wollte nicht als ,,Verfasser eines romanhaften Leitartikels'' (,,Untertan'') weiterleben, wie er es selbst formuliert hat. Aber gerade diesem Schicksal hat er letzten Endes nicht ganz entgehen können. —

75) André Banuls, Heinrich Mann, a.a.O., S. 201
76) vgl. Banuls, ebda S. 201

Methodisch-didaktische Hinweise

Vorbemerkung

Heinrich Mann war lange Zeit für den Deutschunterricht so gut wie nicht vorhanden. Das galt besonders im Hinblick auf seine gesellschaftkritischen Romane (z. B. ,,Der Untertan''), während die Kurznovelle ,,Abdankung'' verschiedentlich in Analogien und Lesebüchern zu finden und damit der unterrichtlichen Betrachtung zugänglich war. Schröter behauptet in seiner Arbeit über Heinrich Mann, daß die Germanisten diesen Autor im ganzen von jeher vernachlässigt bezw. ihn mit ,,verblüffender Einseitigkeit'' gesehen hätten[77] und Barner betont, daß die Rezeption Heinrich Manns bei seinem Publikum durch seinen Aufenthalt im Exil entschieden beeinträchtigt worden sei.[78]
In unserer unmittelbaren Gegenwart, in der ein neues Literaturverständnis über die rein ästhetische Fragestellung hinaus gewonnen wurde, hat indes seine Aktualität zugenommen. Seitdem die Literaturwissenschaft den gesellschaftskritischen Charakter von Kunst und Literatur in den Vordergrund rückte, begann folgerichtig der politisch-soziologische Aspekt der Schriften Heinrich Manns auch für die Unterrichtsarbeit in der Schule interessant zu werden. —
Wir halten es für wünschenswert, wenn eine sachliche Literaturbetrachtung sich mit der Zeit-Satire ,,Der Untertan'' kritisch auseinandersetzt und so auch den jungen Leser Einblick in diesen Sachverhalt gewinnen läßt, — einmal, da gerade dieser Romancier einen starken Einfluß auf seine Generation ausgeübt hat, und zum andern, weil seine Aspekte stellenweise zu einem deutlicheren Verständnis der historischen Gegebenheiten der Vergangenheit beitragen können. Es steht außer Frage, daß die hier analysierten Texte lediglich für die Klassenstufe 12/13 geeignet sind. —

[77] vgl. Klaus Schröter, Deutsche Germanisten als Gegner Heinrich Manns, In: Texte Metzler 17, a.a.O., S. 60

[78] vgl. Wilfried Barner, Wirkungsgeschichte u. Tradition, a.a.O., S. 90

Hinweise zur Erschließung von Novelle und Roman im Unterricht

Unterrichtsreihe

Thema: Heinrich Mann
,,Abdankung''
,,Der Untertan''

Unterrichtsplanung und Aufgabenvorschläge

A. Zur allgemeinen Einführung: Heinrich Mann — Lebensbild und Wirkungsgeschichte (Lehrervortrag)

B. Erarbeitung der Texte im Unterricht

1) ,,Abdankung''

(Es empfiehlt sich, die Novelle — entsprechend der Reihenfolge der vorstehenden Analysen — der Behandlung des Romans voranzustellen, da sie im Hinblick auf das Zentralproblem ,,Macht'' als Vorstudie des Romans gelten kann.)

Zwei Alternativvorschläge zum Einstieg in die Novelle bieten sich an:

a) Die Klasse erhält die Aufgabe, die Erzählung in häuslicher Vorbereitung zu lesen und den Inhalt in einer kurzen Zusammenfassung schriftlich festzuhalten.

b) Zur einführenden Interpretation eignet sich die Lesung des kurzen Textes durch den Lehrer. Damit ist zugleich eine Verständnishilfe gegeben: die entscheidenden Aspekte des Geschehens können beim Lesen akzentuiert werden.

Aufgabenvorschläge

1) Inwiefern kann die Novelle ,,Abdankung'' eine ,,Studie der Macht'' genannt werden? Untersuchen Sie alle diesbezüglichen Stellen im Text.

2) Kennzeichnen Sie die Hauptfigur Felix in ihren Spiegelungen ,,Herrenmensch'', ,,Übermensch'', ,,Tyrann'' im Verhältnis zu seiner Umwelt.
3) Inwiefern ist die Gestalt des Butt der Prototyp des willenlosen Massenmenschen? Zeigen Sie in diesem Zusammenhang die Verhaltensweise der Klasse auf.
4) Welche Bedeutung haben die Erkenntnisse der Tiefenpsychologie für die Menschengestaltung der Novelle?
5) Was bedeutet der Titel ,,Abdankung'' im Handlungszusammenhang der Erzählung?
6) An welcher Stelle der Novelle vollzieht sich der Wechsel von ,,Sadismus'' und ,,Masochismus?
7) Untersuchen Sie — an Hand einer genauen Textanalyse — die sprachliche Struktur der Darstellung (s. Analyse der ,,Abdankung'' — Satzbau — Wortwahl u. Bildvorstellungen u.s.w.)
(Bei der ,,Abdankung'' müssen zum tieferen Verständnis des Sachverhalts psychologische Erkenntnisse (Freud, Adler) mit der Klasse diskutiert werden. Diesbezügliche Informationen können durch Lehrervortrag oder durch Referate interessierter Schüler vermittelt werden.)

Die didaktische Konzeption der Unterrichtseinheit Heinrich Mann "Der Untertan"
(Geschichte der öffentlichen Seele unter Wilhelm II.)

A. Voraussetzungen der Besprechung
1) Gesamtkenntnis des Textes durch häusliche Vorbereitung, für die mindestens 2 Wochen angesetzt werden müssen.
2) Einführung in das historisch-soziale Umfeld des Romans, auf das der Untertitel hinweist.
Thema: „Das Wilhelminische Zeitalter"

Zum Verständnis des historischen Hintergrunds sind Informationen notwendig, die durch Lehrervortrag und Schülerreferate gewonnen werden können. Es wird vorgeschlagen, folgende Schwerpunkte ins Auge zu fassen:

a) Der Imperialismus und seine politisch-soziologische Konzeption. (Dazu historisches Quellenmaterial bei Gerhard Ritter (Hrsg.): Das deutsche Kaiserreich 1871 – 1918. Ein historische Lesebuch. Kleine Vandenhoeck-Reihe 1414, Göttingen 1975. (Gut geeignet zur Information für ein Schülerreferat.) –(Historisches Quellenmaterial außerdem zu dieser Frage bei Golo Mann: Deutsche Geschichte des 19. und 20. Jahrhunderts, Frankfurt/M. 1958.)
b) Die Person des Kaisers: Wilhelm II. im Urteil seiner Zeit. (Dazu Quellenmaterial bei Kracke, Friedrich: Prinz und Kaiser. Wilhelm im Urteil seiner Zeit. München 1960.)
c) Die Kulturgeschichte des Wilhelminischen Zeitalters. –Der geistesgeschichtliche Hintergrund der Epoche. (Dazu Schoeps, Hans Joachim: Das Wilhelminische Zeitalter in geschichtlicher Sicht. In H.J.S. (Hrsg.) Das Wilhelminische Zeitalter. Zeitalter im Wandel, Bd. 1, Stuttgart 1967, S. 11–39.–
Außerdem als Quellenmaterial sehr informativ und brauchbar für die Hand des Schülers: Dollinger, Hans: Das Kaiserreich. Seine Geschichte in Texten, Bildern und Dokumenten. München 1966.)
d) Einordnung des Romans in die Tradition der politisch-soziologischen Literatur in Deutschland (s. entsprechndes Kapitel im vorliegenden Band) – Lehrervortrag.

B. Die Behandlung des Romans im Unterricht der Oberstufe

Vorbemerkung

Des umfangreichen Stoffes wegen muß die Romananalyse auf einzelne Schwerpunkte und Zentralmotive beschränkt werden. Als Leitfaden für die Unterrichtsgestaltung empfehlen wir als eine Möglichkeit die im vorliegenden Band vorgenommene Gliederung:

1) Komposition und Handlungsablauf des Romans
2) Die Betrachtung der sechs Episoden als Zentralpunkte des Geschehens:
   Diederich Heßlings Begegnung mit dem Kaiser
   Der Landausflug Diederichs mit Agnes
   Die Antrittsrede Heßlings vor seinen Fabrikarbeitern

Heßlings Besuch bei dem Regierungspräsidenten v. Wulkow
Die Lohengrin-Episode
Die Einweihungsfeier des Kaiserdenkmals

3) Das Problem der Personengestaltung und Personenkonstellation im Roman (Darstellung Heßlings als Typus des autoritären Charakters- Die Titelfigur und ihr Antipode Buck)
4) Der Roman als "Satire" auf gewisse Phänomene des Wilhelminischen Zeitalters (Definition der Satire als Verspottung von Zeiterscheinungen und Personen, Entlarvung von Mißständen,) kann als Stilform die gesamte Konzeption einer Dichtung – wie hier im "Untertan" – bestimmen.
5) Die Mittel der Satire und der satirischen Sprachform im "Untertan":
   a) Satirische Möglichkeiten der Handlungsführung: Die Mittel des Kontrasts und des paradoxen Vergleichs, die die Gestaltungsform des Romans charakterisieren.
   b) Die Mittel der satirischen Sprachhaltung:
   Verzerrung der Realität durch Übertreibung und Übersteigerung. Sprachliche Mittel der Groteske bestimmen Wortwahl, Metaphern und Satzfügungen des Textes: Komplex von Platitüden, markigen Sinnsprüchen (s. Abschnitt über die Sprache im Roman im vorliegenden Band.)
6) Diederich Heßlings Reden im Vergleich zu den historischen Reden Wilhelms II.– an drei Beispielen zu betrachten:
   Die Rede Diederichs an seine Arbeiter, als er die Fabrik seines Vaters übernimmt – Die Zeugenrede im Majestätsbeleidigungsprozeß gegen den Fabrikanten Lauer – Die spektakuläre Rede bei der Denkmalseinweihung (vgl. Mathes, Axel (Hrsg.): Reden Kaiser Wilhelms II., Rogner und Bernhard, München 1976 – Arntzen, Helmut: Die Reden Wilhelms II. und Dieterich Heßlings, In: literatur für leser, 80 / 1S. 1–14) Es ist aufzuzeigen, daß es sich bei diesen Reden nicht um Imitation bzw. Identifikation handelt, da lediglich Zitate aus den Kaiserreden verwendet werden. (Satirische Zitatentechnik–Montage) Damit kann erwiesen werden, daß es im Roman weitgehend um Satire und nicht um historische Faktizität geht. (s. auch Arntzen, a.a.O.)–

Aufgabenvorschläge

Die folgenden Aufgabenstellungen zur unterrichtlichen Erschließung des Romans gehen von Erkenntnissen aus, die aus den detaillierten Text-Analysen des vorliegenden Bandes gewonnen wurden.

1) Untersuchen Sie Komposition und Handlungsablauf des Romans (Gliederung in sechs Kapitel -konventioneller Aufbau in kontinuierlicher Erzählweise- lockerer Zusammenhang durch Aneinanderreihung von Episoden- Darstellung stark dialogisierend)
2) Gliedern Sie den Handlungsablauf in Episoden, die die Zentralmotive des Romangeschehens enthalten (Kaiserbegegnung – Der Landausflug Heßlings mit Agnes (Hier: Vergleich mit Fontane "Irrungen, Wirrungen" empfohlen) –Antrittsrede Heßlings vor den Fabrikarbeitern– Besuch Heßlings bei Wulkow – Lohengrin-Episode – Einweihung des Kaiserdenkmals).
3) Inwiefern veranschaulicht die Darstellung der beiden verschiedenen Bürgertypen Heßling (bourgeois) – Buck (liberaler Großbürger) Heinrich Manns gedankliches Modell von "Geist" und "Widergeist"? (Untersuchung der vier großen Gespräche zwischen Heßling und Buck im II., IV. und V. Kapitel des Romans).
4) Welche Definition der Untertanenmentalität läßt sich aus dem Romantext erarbeiten? (Analyse der Titelfigur s. Exkurs ("Die Titelfigur . . .") im vorliegenden Band S. 59)
5) Welche historisch-sozialen Fakten haben in Manns Roman Eingang gefunden? (Arbeiterbewegung- Studentenverbindungen u.ä.)
6) An welchen Stellen des Romans wird das "Komödiantische" der Macht als Verkörperung des Zeitgeistes besonders augenfällig?
7) Versuchen Sie eine Analyse der Satire des Handlungsablaufs und der Sprachform im Roman.
8) Kann der Roman "Der Untertan" als Vorwegnahme faschistischer Vorstellungen gedeutet werden? Beachten Sie in diesem Zusammenhang die Ausführungen des Autors aus der späteren Zeit: "Den Roman des bürgerlichen Deutschland unter der Regierung Wilhelms II. dokumentierte ich seit 1900. Beendet habe ich die Handschrift 1914, zwei Monate vor dem Ausbruch des Krieges– der in dem Buch nahe und unausweichlich erscheint.

Auch die deutsche Niederlage. Der Faschismus gleichfalls schon: wenn man die Gestalt des "Untertan" nachträglich betrachtet. Als ich sie aufstellte, fehlte mir von dem ungeborenen Faschismus der Begriff, und nur die Anschauung nicht." (Aus "Ein Zeitalter wird besichtigt")

9) Schlußfrage:
Wie beurteilen Sie – innerhalb der Literatur– die Position der "littérature engagée?" Überdenken Sie in diesem Zusammenhang den Ausspruch Heinrich Manns: "Als Verfasser eines romanhaften Leitartikels möchte ich nicht fortleben."

Anschlußliteratur

Es ist zu empfehlen –als Gegenbild zu Heinrich Manns Zeitsatire– der Klasse Passagen aus Thomas Manns "Betrachtungen eines Unpolitischen" zu vermitteln (z.B. "Der Zivilisationsliterat", Fischer Verlag, S. 53–68).–

LEBENSDATEN

1871 Heinrich Mann am 27. März als ältester Sohn des Senators Thomas Johann Heinrich Mann in Lübeck geboren

1884 Abgang vom Gymnasium (aus Unterprima) Buchhändler-Gehilfe in Dresden

1890-92 Volontär im S. Fischer Verlag, Berlin.

1891 Tod des Vaters. Liquidierung der Firma Mann

1893 Übersiedlung der Familie nach München. Reisen nach Paris und Italien

1894 In einer Familie, Roman

1896-98 Aufenthalt in Rom

1897 Das Wunderbare und andere Novellen

1899-1914 Aufenthalte in München, Berlin, Italien, Frankreich

1900 Im Schlaraffenland, Roman

1903 Die Göttinnen oder die drei Romane der Herzogin von Assy. Die Jagd nach Liebe, Roman

1905 Flöten und Dolche, Novellen („Abdankung"). Professor Unrat oder das Ende eines Tyrannen, Roman, Essays

1906 Erste Notizen zum Untertan. Drei Novellenbände (Schauspielerin)

1907 Zwischen den Rassen, Roman. Gretchen, Novelle (Stoffkreis des Untertans)

1909 Die kleine Stadt, Roman

1910 Essays: Voltaire-Goethe; Geist und Tat.

1914 Erscheinen des Untertans als Fortsetzungsroman in der Zeitschrift „Zeit im Bild". Abbruch des Abdrucks am 13. August. Heirat mit Maria Kanova. Aufenthalt in München bis 1928

1915 Zola-Essay

1916 Privatdruck des Untertans

1917 Die Armen, Roman

1918 Der Untertan, Roman

1925 Der Kopf, Roman. Zusammenfassung der Romane Der Untertan-Die Armen-Der Kopf zu der Romanreihe der deutschen Gesellschaft im Zeitalter Wilhelms II.
1930 Ufaverfilmung des Professor Unrat als Blauer Engel. Scheidung von Maria Kanova
1931 Berufung zu dem Amt des Präsidenten der Sektion Dichtkunst bei der Preußischen Akademie der Künste zu Berlin
1936 Tschechische Staatsbürgerschaft
1938 Henri quatre, Roman
1939 Heirat mit Nelly Kröger
1940 Flucht aus Deutschland in die USA. Exil-Aufenthalt in Kalifornien bis zum Tod
1945 Ein Zeitalter wird besichtigt, Erinnerungen
1947 Ehrendoktor der Humboldt-Unsiversität, Berlin
1949 Nationalpreis I. Klasse für Kunst und Literatur der DDR. Berufung zum Präsidenten der deutschen Akademie der Künste in Ostberlin
1950 Tod in Santa Monica/Kalifornien

LITERATURVERZEICHNIS

I. Werke, Einzelausgaben und Briefe

Heinrich Mann: Gesammelte Werke in 13 Bänden ("Der Untertan", Bd. XII, S. 9–568), S. Fischer Verlag 1974

: Werkauswahl in 10 Bänden. Classen Verlag, Düsseldorf 1976.

: "Der Untertan", dtv 256/57, München 1964

: Geist und Tat, Essays, München 1963

: "Ein Ausweg: Der europäische Völkerbund". Briefe Heinrich Manns aus der Emigration (1937–1950). Mitget. von Alfred Kantorowicz. In: Frankfurter Allgemeine Zeitung, 29. März 1958.

Heinrich Mann an Arnold Zweig (1934-1937). In: Neue Deutsche Literatur 11 (1963), H.2, S. 86–92)

: Briefe an Karl Lemke 1917–1949. Berlin (Aufbau – Verlag) 1963.

: Briefe an Karl Lemke (1930–1949) und Klaus Pinkus (1935–1949). Hamburg (Classen) 1963

Thomas Mann – Heinrich Mann. Briefwechsel 1900–1949. Hg. von der deutschen Akademie der Künste zu Berlin. Redaktion : Ulrich Dietzel. Berlin, Weimar (Aufbau–Verlag) 1965.

Sekundärliteratur

Biographien und Materialsammlungen

Schröter,Klaus: Heinrich Mann in Selbstzeugnissen und Bilddokumenten, rowohlts bildmonographien 125, Reinbeck bei Hamburg 1967.

Bilke, Jörg Bernhard: Heinrich Mann in der DDR. In: Klaus Mathias (Hrsg.) Heinrich Mann 1871–1971, München 1973, S. 367–384.

Mann, Viktor: Wir waren fünf. Bildnis der Familie Mann. Konstanz 1949

Mann, Thomas: Bericht über meinen Bruder. In: Freies Deutschland (Mexiko) 1946 – In: Thomas Mann, Gesammelte Werke in zwölf Bänden. Bd. 12 Reden und Aufsätze. 4. Frankfurt a.M. 1960. S. 476–480.

Mann, Thomas: Betrachtungen eines Unpolitischen. Berlin 1918. XXXXIV.

Mann, Klaus: Der Wendepunkt. Ein Lebensbericht. Frankfurt a.M. 1952.

Benn, Gottfried: Rede auf Heinrich Mann (geh. am 23. März 1931 auf dem Bankett des Schutzverbandes Deutscher Schriftsteller zu Heinrich Manns 60. Geburtstag). In: Voss. Zeitung. 29. März. In: Gesammelte Werke. Wiesbaden, Limes. Bd. 4

– : Heinrich Mann zum sechzigsten Geburtstag. (Essay) In: LW. 27. März 1931. In: Benn, Gesammelte Werke, Bd. 3.

Lemke, Karl: Heinrich Mann. Zu seinem 75. Geburtstag. Berlin 1946.

Allgemeine Darstellungen

1) Zur Zeit

Balfour, Michael: Der Kaiser Wilhelm II. und seine Zeit, Berlin 1964.

Dollinger, Hans (Hrsg.): Das Kaiserreich. Seine Geschichte in Texten, Bildern und Dokumenten, München 1966.

Mann, Golo: Deutsche Geschichte des 19. und 20. Jahrhunderts, Frankfurt/M. 1958.

Schoeps, Hans Joachim: Das Wilhelminische Zeitalter in geistesgeschichtlicher Sicht. In: H.J.S. (Hrsg.) Das Wilhelminische Zeitalter. Zeitalter im Wandel, Bd. 1, Stuttgart 1967, S. 11–39.

2.) Zum Werk

Banuls, André: Heinrich Mann. Verlag W. Kohlhammer. Stuttgart Berlin Köln Mainz. 1970.

Bachmann, Dieter: Essay und Essayismus. H. Mann, S. 67–S. 86. W. Kohlhammer Verlag 1969.

Barner, Wilfried: Wirkungsgeschichte und Tradition. In: Literatur und Leser, Reclam Stuttgart 1975.

Lohner, Edgar: Heinrich Mann. In: Deutsche Literatur im 20. Jahrhundert. Hrsg. v. H. Friedmann u. O. Mann, Bd. II, Heidelberg 1961.

Schöpker, H.F.: Heinrich Mann als Darsteller des Hysterischen und Grotesken. Diss. Bonn 1960.

Schröter, Klaus: Die Anfänge Heinrich Manns, Metzlersche Verlagsbuchhandlung 1965.

Sudhof, Siegfried: Heinrich Mann. In: Deutsche Dichter der Moderne, hrsg. von Benno von Wiese. Erich Schmidt Verlag Berlin 1969.

Weisstein, Ulrich: Heinrich Mann und Gustave Flaubert. Ein Kapitel in der Geschichte der literarischen Wechselbeziehungen zwischen Frankreich und Deutschland. In: Euphorion 57 (1963), S. 132–155.

– : Heinrich Mann. Besichtigung eines Zeitalters. In: Zeitkritische Romane des 20. Jahrhunderts, hrsg. von Hans Wagener, Reclam 1975.

Welzig, Werner: Der deutsche Roman im 20. Jahrhundert. Stuttgart 1967.

v. Wiese, Benno: Einleitung zu "Deutschland erzählt", Fischer Bücherei, Nr. 500.

Werner, Renate: Skeptizismus, Ästhetizismus, Aktivismus. Der frühe Heinrich Mann. Düsseldorf 1972.

Winter, Lorenz: Heinrich Mann und sein Publikum. Kunst und Kommunikation. Köln 1965.

Zeck, Jürgen: Die Kulturkritik Heinrich Manns in den Jahren 1892 bis 1909. Diss. Hamburg 1965.

Untersuchungen zum Roman "Der Untertan"

Arntzen, Helmut: Die Reden Wilhelms II. und Diederich Heßlings. In: literatur für leser, 1980, 1 Oldenbourg Verlag.

Hardaway, R. Travis: Heinrich Mann's "Kaiserreich"–trilogy and his democratic spirit. In: Journal of English and Germanic philology 53 (1954), S. 319–333.

Henze, Hanne: Die Entlarvung des wilhelminischen Komödianten. Heinrich Mann: Der Untertan. In: Praxis Deutsch 22 (1977), S. 55–59.

Kirsch, Edgar/Schmidt, Hildegard: Zur Entstehung des Romans "Der Untertan". In: Weimarer Beiträge 6(1960), S. 112–131.

Painter, Peter: Heinrich Mann, "Der Untertan". In: Königs Erläuterungen und Materialien, Hollfeld 1986(2)

Schröter, Klaus: Zu Heinrich Manns "Untertan". In: Etudes Germaniques 26 (1971), S. 320–343.

– : Heinrich Mann "Untertan"-"Zeitalter" – Wirkung. Drei Aufsätze, Stuttgart 1971.

Weisstein, Ulrich: Die Kaiserreich-Trilogie. In: U.W., Heinrich Mann. Eine historisch-kritische Einführung in sein dichterisches Werk, Tübingen 1962, S. 111–141.

– : Satire und Parodie in Heinrich Manns "Der Untertan". In: Klaus Mathias (Hrsg.), Heinrich Mann 1871–1971, München 1973, S. 125–146.

SCHACHLITERATUR

GESAMTVERZEICHNIS

Joachim Beyer Verlag
Thomas Beyer Verlags GmbH
D-8607 Hollfeld

Günter Lossa
So lernt man Schach
Ein Leitfaden für Anfänger des königlichen Spiels
108 Seiten
124 Diagramme
7 Fotos

Schach gilt als das vollkommenste Brettspiel, das wir kennen. Phantasie, strategisches Geschick und taktisches Einfühlungsvermögen sind erforderlich um eine gute Partie Schach spielen zu können. Diese Eigenschaften werden neben dem gründlichen Erlernen der Spielregeln durch dieses Buch geweckt und geschult. Nicht langatmige theoretische Erläuterungen sondern praktisches Nachspielen ausgesuchter Lehrbeispiele in zusammenhängenden Spielabläufen machen dem Anfänger jeden Alters die tiefgründigen Gedankengänge der Figurenbewegungen auf den 64 Feldern leicht verständlich.

Claude Santoy
Bernd Feustel
Schule des Schachs
Vorwort von Großmeister Lothar Schmid
160 Seiten
250 Diagramme
150 Fotos

Die französische Schachmeisterin Claude Santoy und der für die deutsche Überarbeitung des Originals verantwortlich zeichnende FIDE-Meister Bernd Feustel versuchen mit diesem Buch, dem am Schach interessierten Laien das königliche Spiel in seinem ganzen Facettenreichtum nahezubringen. Es wurde dabei eine Synthese angestrebt zwischen Lehr- und Übungsbuch, zwischen informativer und unterhaltsamer Tendenz. Dabei werden dem beginnenden Schachjünger behutsam auch die Begriffe aus Caissas Reich nahe gebracht und erläutert, denen er später auf Schritt und Tritt begegnet.

J. Awerbach
A. Kotow
M. Judowitsch
Das Schachbuch für Meister von Morgen
Ein Lehr- und Trainingswerk – nicht nur für den Nachwuchs
228 Seiten
452 Diagramme
48 Fotos

Das vorliegende Werk ist die Übersetzung eines der erfolgreichsten sowjetischen Schachbücher. Es wurde in der UdSSR als Begleitbuch zu einer Schach-Lehrreihe des Fernsehens konzipiert und kann durch seinen guten didaktischen Aufbau gewiß auch hierzulande zur Ausbildung und Schulung empfohlen werden. Alle drei Partiephasen werden in diesem Buch zusammengefaßt dargeboten. Dabei haben die renommiertesten sowjetischen Schachpädagogen ihr jeweiliges Spezialgebiet behandelt. Das Lehrwerk ist zur systematischen Einführung junger Schachenthusiasten geeignet.

G. Treppner / R. Seppeur
Schachhandbuch für Fortgeschrittene
Vorwort von Großmeister Dr. Helmut Pfleger
176 Seiten
286 Diagramme
3 Fotos

Die Autoren – zwei namhafte Bundesligaspieler – behandeln mit großem pädagogischen Geschick sämtliche Partiephasen des Schachspiels (Mittelspiel, Eröffnung und Endspiel) auf der nächsthöheren, an die Lehrbücher des Deutschen Schachbundes anschließenden Stufe. Dabei ist ein Sammel- und Nachschlagewerk über die strategischen, taktischen und theoretischen Grundlagen des modernen Schachs entstanden. Die grundlegenden Erkenntnisse und Aussagen des Buches sind praxisnah durch neue Partiebeispiele illustriert. Als Trainings- und Übungsbuch eignet es sich besonders für starke Amateure.

IM Otto Borik
Schachtraining 1
144 Seiten
245 Diagramme

Was ist zu tun, um besser Schach zu spielen? Die einfachste Methode besteht in einem gemeinsamen Training mit einem erfahrenen Schachtrainer. Die wirklich guten Trainer sind aber dünn gesät, und außerdem kann die ganze Angelegenheit recht kostspielig werden. Mit dem Erscheinen dieses Buches sollte das Problem nunmehr gelöst sein. In dieser Publikation sind mehr als 100 Stunden Schachtrainings zusammengefaßt, basierend auf der Serie Schachtraining aus der bekannten Schachzeitschrift »Schach-Magazin 64«. Das Redaktionsteam unter der Leitung des Internationalen Meisters Otto Borik schuf das erste, bisher einzige Schachtrainingsbuch in deutscher Sprache.

IGM Vlastimil Hort
IM Borik
Die moderne Verteidigung
2. aktualisierte Auflage
156 Seiten
118 Diagramme

In der jahrhundertealten und daher entsprechend umfangreichen Familie der Schacheröffnungen ist die »moderne Verteidigung« eines der jüngsten Kinder, das bisher – regional unterschiedlich – auf viele Namen hört: Pirc-Verteidigung, Ufimzew-Eröffnung, Robatsch-Verteidigung und Königsfianchetto dürften die bekanntesten hiervon sein. Viele Weltklassespieler haben diese Eröffnung in ihr Repertoire aufgenommen, so auch der tschechische Großmeister Vlastimil Hort, mit dem sich nun ein Praktiker zu Wort meldet, der die Entwicklung dieses Verteidigungssystems seit mehr als 20 Jahren beobachtet und mitgeprägt hat. Sein Werk ist das umfangreichste und wichtigste zu diesem Themenkomplex.

Herausgeber
Fernschachweltmeister
Jakow B. Estrin
Weltmeister lehren Schach
2. neubearbeitete Auflage
288 Seiten
95 Diagramme
14 Fotos

Sämtliche Schachweltmeister tragen mit ihren Abhandlungen und Analysen zu diesem einzigartigen Lehr- und Lesebuch bei. Dem Leser werden vor allem zwei Dinge verdeutlicht; daß die zu Worte kommenden Weltmeister sämtlich auch hervorragende Schachpädagogen sind bzw. waren, die mit großem Geschick Einblick in ihre Denkweise zu geben verstehen, und daß es vollauf berechtigt ist, von verschiedenen Stilarten der Schachmeister zu sprechen. Beiträge von einem Schachmediziner zur »psychologischen Vorbereitung« und von Jakow B. Estrin zu seiner Domäne, dem Fernschach, vervollständigen das Buch.

FM Bernd Feustel
Eröffnungen – Abseits aller Theorie
2. neubearbeitete Auflage
124 Seiten
88 Diagramme
20 Fotos

Im Zeichen einer immer mehr verwissenschaftlichten, perfektionierten Eröffnungstheorie ist eigenschöpferisches, kreatives Schach rar geworden. Viele Partien beginnen erst beim 25. Zuge richtig, nachdem zuvor auswendig gelernte und oft unreflektierte Varianten von den Schachjüngern aus dem Gedächtnis abgespult wurden. Wer eine Vorliebe für solche ausanalysierten theoretischen Zugwechsel hat, der sei vor der Lektüre dieses Buches gewarnt. Es wendet sich nämlich lediglich an diejenigen Schachfreunde, die gerne eigene Weg aufsuchen und einschlagen. Wer in seiner Spielanlage aber ein eigenes Profil sucht, findet in diesem Buch zahlreiche Anregungen.

FM Bernd Feustel
Keine Angst vor Großmeistern
Bemerkenswerte Außenseitersiege am Schachbrett
128 Seiten
58 Diagramme
32 Fotos

Durch die immense Zunahme an Open-Turnieren bietet sich heute häufiger als je zuvor in der Geschichte des Schachsports auch ehrgeizigen Amateuren die Gelegenheit mit Weltklassegroßmeistern in den Wettbewerb zu treten. Dabei macht sich zwar in den meisten Fällen die größere Routine der Profis spielentscheidend bemerkbar, doch keineswegs immer. Oft genug sind es mittlerweile die Außenseiter, die siegreich das Brett verlassen. Dieses Buch soll anhand aktueller Partiebeispiele den Beweis dafür erbringen, daß auch Großmeister schwache Stunden haben, Fehler machen und besiegt werden können.

Horst Wolfram Geissler
A. Diel
8 x 8 = 64
82 Seiten
11 Zeichnungen

Schachliche Entwicklungsgeschichte eingebettet in die Kulturgeschichte der jeweiligen Zeit bieten die Autoren jedem Schachspieler, der auch von dieser Warte aus einen Bezug zu „seinem Spiel" finden will. Beginnend bei König Artus' Rittern der Tafelrunde des 6. Jahrhunderts, reiht sich Verblüffendes an Anekdotenhaftes, Amüsantes; und zwar in einem sprachlichen Stil, der immer genauso informativ wie unterhaltend bleibt. Eine Rarität unter den Schachbüchern – gewiß entspannender und vergnüglicher zu lesen als die durchschnittlichen Werke der Schachliteratur – stellt dieser Band gleichsam eine Brücke dar zwischen Schachbuch und Belletristik. Ein Buch für alle Schachfreunde, die Schach nicht nur als Wettkampfsport betreiben möchten.

Vladimir Budde / Thomas Bandholtz
Chinesisches Schach
Spiel – Mythos – Kultur
120 Seiten – Zahlreiche Abbildungen
Kombination: Buch mit Schachspiel in Kassette

Der bekannte Schachautor Vladimir Budde und Thomas Bandholtz (Peter-Joseph-Lennée-Preisträger 1984) legen hiermit zum ersten Mal eine fundierte Einführung in die Spielweise und den kulturellen Hintergrund des Chinesischen Schachs in deutscher Sprache vor, die dem abendländischen Schachspieler wie auch dem an chinesischer Kultur interessierten, mit dem Schach bisher weniger vertrauten Leser eine leicht verständliche und inhaltlich zuverlässige Anleitung bietet.
Das Spiel stellt zugleich einen Figurensatz vor, der den verschiedenen Charakteren der chinesischen Spielsteine ebenso gerecht wird, wie den nüchternen Anforderungen an Funktionalität, die der heutige Schachspieler an seine Figuren zu stellen gewohnt ist.

Aus dem Inhalt:

Das Spiel:	Regeln, Gangart und Wirkungsweise der Figuren
	Die Wirkungsweise der Kanonen
	Musterpartie zur Einführung
	Endspiel und vieles andere mehr.
Der kulturelle Hintergrund:	Chinesische Spieltradition und Schachvorläufer
	Die Ballance zwischen Yin und Yang als Spielinhalt
	Orakel, Astrologie und Spiel
	Das Rätsel um das indische Urschach Chaturanga u. vieles mehr.

Das Wissen über Schacheröffnungen schreitet mit unwahrscheinlicher Geschwindigkeit fort, sodaß nur die jeweils neuesten und aktuellsten Werke die Gewähr dafür bieten, auf dem Laufenden zu sein. Lange Zeit waren die Publikationen der jugoslawischen Meistergarde, wie »Schach-Informator« und »Enzyklopädie« auf diesem Sektor fast konkurrenzlos und galten sozusagen als Pflichtlektüre aller Schacheleven, die über ein durchschnittliches Leistungsniveau hinauskommen wollten. Mit dem jetzt vorliegenden Werk kann sich der informationsbeflissene Schachfreund nun auf ein Kompendium stützen, das aus der Werkstatt der sowjetischen Schachelite kommt. Daß dies allein schon für allerhöchste Qualität und Sorgfalt garantiert, braucht nicht weiter betont zu werden. In der Sowjetunion, der führenden Schachnation der Welt, wurde dieses Handbuch im Herbst 1985 in einer 1. Auflage von 150.000 Stück auf den Markt gebracht und muß inzwischen schon nachgedruckt werden. Zahlreiche sowjetische Großmeister haben an der Zusammenstellung des Materials für diese Bücher mitgewirkt und bürgen für die Hochwertigkeit dieser Lexikon-Reihe, die nunmehr auch dem hiesigen Leser zu einem günstigen Preis zugänglich gemacht wird. Hier findet jeder Schachfreund 'seine' Eröffnungsspezialitäten mit sämtlichen Neuerungen bis zum Redaktionsschluß im Frühsommer 1985. Eine Fundgrube und gleichzeitig ein Standardwerk, das seinen Wert nicht so schnell verlieren wird. Kein ernsthafter Turnierschachspieler, der auch auf höherer Ebene bestehen möchte, wird auf die Erkenntnisse verzichten wollen, die hier in komprimierter Form dargeboten werden, und die aus kollektiver jahrelanger Arbeit der stärksten sowjetischen Großmeister und Theoretiker resultieren. Sämtliche Analysen, Varianten und Partiebeispiele sind in internationaler Notation aufgezeichnet.

Die ersten beiden Bände behandeln die offenen und halboffenen Spiele. Die Bände III – V sind den geschlossenen Spielen vorbehalten. Mit diesem Werk liegt das aktuelle Eröffnungswissen der Gegenwart – gesammelt und von Meisterhand aufbereitet – vollständig vor.

Das Werk wird auch als einbändige Gesamtausgabe erscheinen!

Hrsg. Jakow B. Estrin
Kleine Schacheröffnungsenzyklopädie
Band I: Offene Spiele
Band II: Halboffene Spiele
Band III: Geschlossene Spiele – Damengambit
Band IV: Geschlossene Spiele – Indische Systeme
Band V: Geschlossene Spiele – Englisch, Holländisch, Reti u.ä.
Jeder Band ca. 200-340 Seiten / ca. 250-400 Diagramme
Gesamtband: Über 1000 Seiten / über 1000 Diagramme!

van Fondern
Dr. P. Beyersdorf
Schachweltmeisterschaft 1978
Karpow - Kortschnoi
224 Seiten
44 Diagramme
8 Fotos
Die Autoren, ein Schachexperte und ein Journalist, geben einen umfassenden Überblick über den WM-Zyklus 1976-1978. Von den Interzonenturnieren Manila und Biel wurden die besten Partien ausgewählt; sämtliche Kandidatenkämpfe sind vollständig kommentiert, ebenso wie die Partien des Finalkampfes Karpow - Kortschnoi.
Aufgelockert und bereichert wird der rein schachliche Teil durch die informativen Hintergrundberichte vom Ort des Geschehens, die verdeutlichen, daß Schachweltmeisterschaftskämpfe längst zu einem Politikum geworden und ins Rampenlicht der internationalen Öffentlichkeit getreten sind.

P. Beyersdorf
V. Budde
L. Nikolaiczuk
Schachweltmeisterschaft 1981
Karpow - Kortschnoi
272 Seiten
96 Diagramme
14 Fotos
Ähnlich wie bei dem Band zur Schach-WM 1978 wird auch hier wieder die Arbeitsteilung zwischen zwei deutschen Meisterspielern und einem Journalisten vollzogen. Auf diese Weise ist dafür gesorgt, daß neben kompetenter Information von Schachexperten auch die Geschehnisse im Hintergrund, die Atmosphäre und die Ereignisse neben dem Schachbrett in unterhaltsamer und lebendiger Form vermittelt werden. Der rein schachliche Teil bringt Eröffnungsbetrachtungen, Analysen und Partiekommentare von großer Ausführlichkeit. Chronologisch werden über 80 Partien des gesamten WM-Zyklus aufgezeichnet und gründlich analysiert. Tabellen, Fotos u. a. runden das gelungene Werk ab.

Vladimir Budde
L. Nikolaiczuk
Schachweltmeisterschaft 1984/1985 1. Teil
Karpow - Kasparow
Interzonenturniere
Kandidatenturniere
Titelkampf
300 Seiten
96 Diagramme
7 Fotos
Wie inzwischen zur Tradition geworden, ist auch dem Weltmeisterschaftszyklus 1982/85 wieder ein Band gewidmet, der die gesamten Geschehnisse am Schachbrett und neben dem Schachbrett in faszinierender Lebendigkeit und Ausführlichkeit schildert und vor den Augen der Leser Revue passieren läßt. (Interzonenturniere, Hübners Pech mit der Roulettekugel, der zweite Frühling von Exweltmeister Smyslow, das obskure Ende des WM-Finalkampfes durch die unglaubliche Abbruch-Entscheidung des umstrittenen FIDE-Präsidenten Campomanes, alles wird beleuchtet und kommentiert.

Vladimir Budde
L. Nikolaiczuk
Schachweltmeisterschaft 1985
Karpow - Kasparow
Der zweite Titelkampf
168 Seiten
130 Diagramme
22 Fotos
Der zweite Teil des WM-Buches ist unmittelbar nach dem Ende des 2. Titelkampfes erschienen. Hier wurden die 24 Matchpartien, in denen Kasparow seinen Widersacher Karpow unter größter Anteilnahme der gesamten Weltöffentlichkeit mit 13:11 niedergerungen hat, mit besonderer Ausführlichkeit beschrieben und analysiert. Nicht nur von der Spannung und von der Medienresonanz her war dies wahrlich ein Jahrhundertmatch, auch vom schachlichen und eröffnungstheoretischen Gehalt her hat dieses Match alle Erwartungen vollauf erfüllt. Die Schachwelt hat – wie dieser Band deutlich darlegt – einen würdigen neuen Weltmeister bekommen.

GM H.-J. Hecht
FM Gerd Treppner
Schach-WM Revanche-Kampf 1986
Garri Kasparow– Anatoli Karpow
152 Seiten
155 Diagramme
40 Fotos

Dieser nach Beendigung des Wettkampfes erschienene Band läßt die Ereignisse von London und Leningrad vor den Augen der Leser Revue passieren. Die Kommentare von Großmeister Hecht sind von gewohnter Sachkunde – gründlich und anschaulich zugleich und somit für alle Schachfreunde lehrreich und verständlich. Ein Blick hinter die Kulissen des Turniergeschehens ergänzt den schachlichen Hauptteil.
Obgleich dies schon das dritte Match zwischen den beiden Schachgiganten innerhalb von nur zwei Jahren war, hat die Spannung nicht nachgelassen – ganz im Gegenteil.

Paul Keres
Ausgewählte Partien 1931-1958
Zugleich ein Lehrbuch des praktischen Schachs
420 Seiten
287 Diagramme

Dieser denkwürdige Band ist wohl mit die bedeutendste und berühmteste Partiensammlung, die man in der Schachwelt kennt. Paul Keres hat hierin seine eigenen Partien mit wissenschaftlicher Genauigkeit und psychologischem Feingefühl kommentiert und analysiert. Keres galt lange als 'Ungekrönter Weltmeister' und die Schachwelt hätte dem sympathischen Esten sicher den WM-Titel gegönnt. Aber auch ohne die Weltmeisterwürde zählt man Keres gewiß zu Recht zu den genialsten Schachmeistern aller Zeiten. Sein Tod 1975 kam für alle unerwartet noch inmitten größter schachlicher Aktivität. In diesem Buch lebt er als Spielerpersönlichkeit von Weltrang fort.

Helmut Wieteck
50 mal Matt im 20. Zug
Ein Schachlesebuch
112 Seiten
200 Diagramme

Mit diesem Schachlesebuch wendet sich der Autor vor allem an den großen Kreis derjenigen Schachfreunde, die als Amateur- und Hobby-Spieler im Schach eine vergnügliche Freizeitbeschäftigung erblicken. Selbst dann, wenn man auf Reisen oder im Urlaub einmal nicht gerade ein Schachbrett in Reichweite hat, kann man mit Hilfe dieses Buches amüsante und inhaltsreiche Kurzpartien nachvollziehen. Nach je fünf Zügen unterstützt nämlich ein Stellungsbild das Gedächtnis, sodaß die jeweilige Position einem immer wieder in Erinnerung gerufen wird. Kurzweilig plaudert der Autor, der als langjähriger Schachpublizist sein Metier bestens beherrscht, über die Schachgiganten aus Vergangenheit und Gegenwart und über ihre Partien.

Hrsg. Christiaan M. Bijl
Die gesammelten Partien von Robert J. Fischer
801 Partien
520 Seiten –
274 Diagramme

Das »Fischer-Buch« von Bijl ist in den vergangenen Jahren ein Begriff geworden. Die Presse sprach von 'Einmalig auf der Welt' oder 'Ein beeindruckenswertes Werk'. Dieses monumentale Werk erscheint nun bereits in zweiter Auflage. Chr. Bijl hat für die Neuausgabe noch weitere 50 von Fischer bis 1977 gespielte Partien aufgefunden. Davon drei Partien, die Fischer gegen einen Computer 1977 spielte. Die Partiekommentare stammen u. a. von Timman, Sosonko und Spassky. Dieses Buch ist das umfangreichste Werk über den legendären Schachweltmeister 'Bobby' Robert J. Fischer.
Eine Studie über das Leben eines Schachgenies.

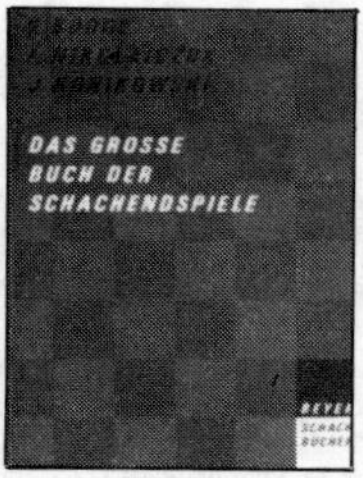

Vl. Budde/J. Konikowski/L. Nicolaiczuk
Das Große Buch der Schachendspiele
ca. 660 Seiten – 480 Diagramme – Sachbuchformat
Das gesamte Endspielwissen, das unsere Autoren auf ihrem jeweiligen Spezialgebiet zusammengetragen haben, wird dem Schachfreund jetzt im vorliegenden Sammelband angeboten, der auf den Bänden 14, 15, 19, 21 und 22 der "Kleinen Schachbücherei" aufbaut
Für den ambitionierten Schachfreund wird dieses Buch zum unentbehrlichen Kompendium des modernen Endspielwissens

Inhalt: 'Keine Angst vor Endspielen' (Lothar Nicolaiczuk)
'Vom Mittelspiel zum Endspiel' (Vladimir Budde)
'Zur Praxis der Turmendspiele' (Vladimir Budde)
'Bauernendspiele' (Lothar Nicolaiczuk)
'Moderne Endspieltechnik' (Vladimir Budde/Jerzy Konikowski)

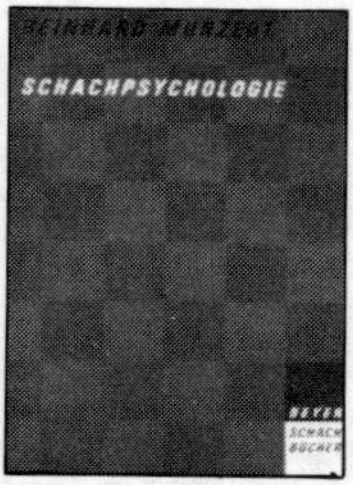

Dr. Reinhard Munzert
Schachpsychologie
ca. 180 Seiten – Graphiken – Diagramme
Das Buch bietet eine praktische Schachpsychologie für Wettkampf und Hobbyspieler. Es verbindet die Erkenntnisse der modernen Psychologie mit den psychologischen Empfehlungen (russischer) Groß– und Weltmeister (insbesondere Garri Kasparow und Anatoli Karpow).
Aus dem Inhalt: Die Bedeutung der Psychologie für den Schachspieler – Psychologische Empfehlungen für Training und Wettkampf – Entspannungsverfahren – Erkennen psychologischer Stärken und Schwächen – Veränderungsmöglichkeiten psychologischer Unzulänglichkeiten – Psychologie während der Partie - Psychologische Aspekte nach Sieg und Niederlage.
Anhang: Gespräch des Verfassers mit Garri Kasparow und Anatili Karpow über Psychologie im Schach. Psychologisches Portrait über Ex-Weltmeister Bobby Fischer.
Der Autor: Diplom-Psychologe Dr. Reinhard Munzert tätig an der Universität Erlangen-Nürnberg. Psychologischer Berater und Betreuer von Schachspielern, zahlreiche Veröffentlichungen zur Psychologie des Schachspiels.

DIE GROSSE SERIE DER SCHACH-TESTBÜCHER

Der Erfolg in einer Schachpartie hängt in der Regel hauptsächlich davon ab, daß man kritische Stellungen erkennt und in diesen entscheidenden Positionen die richtige Wahl trifft. Anhand dieser Testbücher kann jeder Schachfreund sein taktisches Geschick, sein kombinatorisches Sehvermögen und seine analytischen Fähigkeiten prüfen. Diese Tests sind auch deswegen als Training besonders geeignet, weil sie frei von Wettkampfstreß und Turnierhektik durchgeführt und zur Steigerung der persönlichen Spielstärke genutzt werden können. Wer in Schlüsselstellungen die jeweils beste Fortsetzung zu finden vermag, wird dieses Wissen auch in die Praxis umsetzen und damit zählbare Spielerfolge erringen können.

Bernd Feustel
Testbuch der Schachtaktik
112 Seiten – 150 Diagramme

Jerzy Konikowski/Pit Schulenburg
Testbuch der Endspieltaktik
120 Seiten – 140 Diagramme

Jerzy Konikowski/Pit Schulenburg
Testbuch der Endspieltechnik
120 Seiten – 140 Diagramme

Demnächst erscheinen:

Jerzy Konikowski/
Pit Schulenburg
Testbuch des Endspielwissens
140 Seiten – 140 Diagramme

und

Vladimir Budde
Testbuch der Mittelspielpraxis
120 Seiten – 140 Diagramme

Hrsg. IGM György Baksci
Ungarische Schachproblemanthologie
352 Seiten
760 Diagramme
Dieses umfangreiche Werk schließt an eine Anthologie an, die bereits 1939 erschienen ist. Es beinhaltet Problemstellungen, die nach diesem Datum entstanden sind, bzw. nach diesem Termin veröffentlicht wurden. Nach einem geschichtlichen Abriß folgen Turniertabellen, Kurzbiographien der Komponisten und über 500 Problemaufgaben vom 2-Züger bis zum 27-Züger. Ein Lösungsteil beschließt dieses außergewöhnliche Werk. Dem Experten, der über die entsprechenden Vorkenntnisse verfügt, werden in diesem Buch gewiß viele wichtige und neue Erkenntnisse auf seinem Fachgebiet vermittelt.

Manfred van Fondern
II. Internationale Deutsche Schacheinzelmeisterschaft
Dortmund 1973
Offizielles Turnierbuch des Deutschen Schachbundes / Einleitung von Großmeister H.-J. Hecht
168 Seiten – 40 Diagramme – 34 Fotos
Auf 168 Seiten legt der Autor ein äußerst lebendig gestaltetes Turnierbuch vor, das genau die richtige Mischung von kommentierten Partien, Fotos, Tabellen und eröffnungstheoretischen Betrachtungen bietet, um niemals langweilig zu werden. Für die Qualität der Kommentare bürgen die teilnehmenden Meister und Großmeister selbst, die selbstverständlich am besten über ihre eigenen Partien und Varianten zu urteilen und zu berichten vermögen.

Borik/v. Fondern/Malleé/Nehmert
Das große Buch der Schacheröffnungen
Theorie und Praxis für Anfänger und Fortgeschrittene
2. verbesserte Auflage
420 Seiten
180 Diagramme
All das zusammengetragene Wissen der Bände 5, 6 und 7 der „Kleinen Schachbücherei“ bietet dieser repräsentative Glanzleinenband auf einen Blick. Bei dem großen Umfang und der vorbildlichen Ausstattung ist dieses Werk ein ideales Geschenk für all diejenigen Spieler, deren Interesse am Schachspiel mehr als nur oberflächlichen Charakter besitzt. Das Buch hat sich als ein unverzichtbares Nachschlagewerk für alle Schachfreunde erwiesen, die sich auf dem großen Feld der Eröffnungstheorie ein über die Grundkenntnisse deutlich hinausgehendes, fundiertes Wissen aneignen möchten.

Karl - Heinz Demuth
Jerzy Konikowski
Die Tarrasch-Verteidigung im Damengambit
ca. 200 Seiten – zahlreiche Diagramme
Format: DIN A5
Die Tarrasch-Verteidigung ist momentan eine sehr beliebte Variante bei Schachspielern jeden Spielstärkeniveaus bis hinauf zur Weltmeisterschaftsebene. Der Verlag will mit diesem Buch all denjenigen Spielern einen Leitfaden an die Hand geben, die sich tiefer in die Geheimnisse dieser Eröffnung einarbeiten möchten. Die Autoren haben das gesamte verfügbare Material mit größter Sorgfalt und Akribie gesichtet, nach objektiven Maßstäben beurteilt und ausgewählt, was davon wichtig und bedeutsam ist.
Durch die in dem Buch verwendete internationale Symbolnotation wird das Werk auch den Schachfreunden außerhalb des deutschen Sprachbereichs zugänglich sein.
Dieser Band leitet eine qualitativ besonders hochwertige und anspruchsvolle Eröffnungsreihe ein, die auch hohen Ansprüchen voll genügen wird.

Kleine Schachbücherei
Band 1
Manfred van Fondern
Tips für Anfänger
6. Auflage
112 Seiten
35 Diagramme

Ein sinnvoll gegliederter Aufbaukurs für Anfänger, der dem Lernenden Schritt für Schritt Spielregeln und schachliche Grundprinzipien nahebringt, den Blick für die Besonderheiten einer Stellung schärft und vielfältige Hinweise für die Führung einer Schachpartie bietet.

Kleine Schachbücherei
Band 2
Manfred van Fondern
Tips für Fortgeschrittene
4. Auflage
104 Seiten
60 Diagramme

Die konsequente Fortsetzung der »Tips für Anfänger« bietet erste Einblicke in das Schaffen der Schachmeister, sowie in die wesentlichsten Eröffnungssysteme, die anhand von anschaulichen Partiebeispielen beleuchtet und transparent gemacht werden.

Kleine Schachbücherei
Band 4
M. van Fondern/H.-J. Hecht
Meisterpartien 1960-1975
3. Auflage
140 Seiten
31 Diagramme

36 exzellente Schachpartien, die wegen ihrer unübertrefflichen Brillanz um die Welt gingen, werden in diesem Bändchen vorgestellt und allgemeinverständlich kommentiert. Jede Partie wird mit Informationen über Wann und Wo des Geschehens eingeleitet und die Akteure werden dem Leser näher vorgestellt.

Kleine Schachbücherei
Band 5
M. van Fondern /
Ralph Malleé
Eröffnungen - Offene Spiele
3. Auflage
128 Seiten
48 Diagramme

Im Band „Offene Spiele" befassen sich die Autoren mit allen Eröffnungsvarianten, die nach den einleitenden Zügen 1. e2-e4 e7-e5 denkbar sind. Dabei wird selbstverständlich besonders der Spanischen Partie die ihr gebührende Aufmerksamkeit gewidmet.

Kleine Schachbücherei
Band 6
IM Otto Borik
Eröffnungen - Halboffene Spiele
3. Auflage
144 Seiten
26 Diagramme

Der Autor dieses Bandes, Internationaler Meister und mehrmals Mitglied des Nationalteams bei der Schach-Olympiade gilt als exzellenter Eröffnungskenner. Sein Material hat er überaus sachkundig auszuwählen, gut zu präsentieren und anschaulich zu erläutern gewußt.

Kleine Schachbücherei
Band 7
M. van Fondern /
U. Nehmert
Eröffnungen-Geschlossene Spiele
3. Auflage
152 Seiten
28 Diagramme

Abgerundet wird die dreibändige Eröffnungsreihe mit dem Band „Geschlossene Spiele". Nebem dem klassischen Damengambit kommen hierbei auch andere Spielanfänge wie z. B. Englisch (1. c4) zu ihrem Recht und werden praxisnah behandelt und ausführlich analysiert.

Kleine Schachbücherei
Band 9
IGM Hans – Joachim Hecht
Schach- und Turniertaktik
2. Auflage
Großmeister Hecht hat die besondere Begabung selbst die schwierigsten Zusammenhänge anschaulich und verständlich zu erläutern. Daher rührt der immense Erfolg, den er mit diesem Buch hat. Hier kann man dem Großmeister beim praktischen Spiel quasi über die Schulter schauen, viel lernen und für die eigene Spielpraxis profitieren.

Kleine Schachbücherei
Band 10
Manfred van Fondern
Roman Dzindzichashvili: Sein Aufstieg zur Weltspitze
116 Seiten
47 Diagramme
2 Fotos
Dem deutschen Publikum ist der Globetrotter in Sachen Schach, Großmeister Roman Dzindzichashivili durch ein zeitlich begrenztes, aber furioses Gastspiel in der Bundesrepublik im Jahre 1979 sicherlich noch in Erinnerung. Ausgewählte Partien machen seinen kampfbetonten Stil deutlich.

Kleine Schachbücherei
Band 11/12
M. van Fondern/
Peter Kleine
Dr. Robert Hübner
60 seiner schönsten Partien
2. verbesserte Auflage
176 Seiten – 27 Diagramme
Dr. Robert Hübner, seit vielen Jahren in der absoluten Weltspitze angesiedelt und die unbestrittene Nummer eins des deutschen Schachs, wird in diesem Band anhand von Partien und Lebensdaten vorgestellt. Der fesselnde Report einer großen Schachkarriere.

Kleine Schachbücherei
Band 13
V. Budde/E. Carl/P. Kleine
Perlen der Schachspielkunst
108 Seiten – 57 Diagramme
60 der größten Schachmeister aller Zeiten – von Philidor bis Karpow – werden in 60 Partien vorgestellt.
Das schönste Schach, das je gespielt wurde.
Ein prächtiges Buch zum Nachspielen gehaltvoller und ideenreicher Partien.

Kleine Schachbücherei
Band 14
Lothar Nikolaiczuk
Keine Angst vor Endspielen
128 Seiten – 92 Diagramme
Mit großem pädagogischen Einfühlungsvermögen will der Autor dem Schachfreund mit diesem Buch die Endspielangst nehmen, von der viele Lernende heimgesucht sind. Im Vordergrund steht die Verknüpfung des Endspiels mit der Mittelspielphase.

Kleine Schachbücherei
Band 15
Vladimir Budde
Vom Mittel- zum Endspiel
124 Seiten – 31 Diagramme
Wann ist ein Abtausch von Figuren stellungsgemäß? Diese Frage steht im Zentrum dieser Betrachtung. Wie bereits im Band 14 wird auch hier die Beziehung von Mittelspiel und Endspiel zueinander erörtert und an praktischen Stellungen beispielhaft und für jedermann verständlich dargestellt. Ein Buch mit großem praktischen Nutzen.

Kleine Schachbücherei
Band 16
Bernd Feustel
Kleines Blitzschachbrevier
2. verbesserte Auflage 1987
164 Seiten
108 Diagramme
5 Fotos
zahlreiche Tabellen

Das Blitzschach – beliebt bei allen Schachfreunden – wird erstmals in diesem Buch in seiner Eigenständigkeit und Eigengesetzlichkeit behandelt und dargestellt. Dieser Ratgeber behandelt praktische und theoretische Fragen gleichermaßen gründlich und fundiert.

Kleine Schachbücherei
Band 17
Erich Carl
Paul Keres
Ausgewählte Partien
1959-1974
und Versuch einer Biographie
170 Seiten
36 Diagramme

Großmeister Paul Keres, einer der erfolgreichsten Schachmeister aller Zeiten, gab selbst seine besten Partien von 1931 bis 1958 heraus. Die vorliegende Sammlung schließt unmittelbar daran an und bringt Partien von 1959 bis zu seinem Tode im Jahre 1975.

Kleine Schachbücherei
Band 18
Günter Lossa
200 Schachrätsel
Kapriolen auf dem Schachbrett
152 Seiten
150 Diagramme
3 Fotos

Schachrätsel sind Schachprobleme mit betontem Rätselcharakter, die sich durch Originalität und Humor in der Aufgabe, durch Witz, Pikanterie, überraschende Schlüsselzüge und ausgefallene Mattbilder auszeichnen. Vor allem dem Rätselonkel Giegold wird hier im Buch ein Denkmal gesetzt.

Kleine Schachbücherei
Band 19
Vladimir Budde
Zur Praxis der Turmendspiele
120 Seiten
101 Diagramme

Die gesammelten Erfahrungen der Praxis lassen erkennen, daß gerade im Turmendspiel häufig Fehleinschätzungen vorkommen. In diesem Buch werden in zehn Lektionen Bausteine zum besseren Verständnis der Turmendspiele vorgestellt.

Kleine Schachbücherei
Band 20
Vladimir Budde
Garri Kasparow
232 Seiten
67 Diagramme

Garri Kasparow zählt bereits in jungen Jahren zu den stärksten Angriffsspielern in der Schachgeschichte (nur vergleichbar mit Bobby Fischer und Tal). 41 kommentierte Partien geben einen repräsentativen Querschnitt über sein schachschöpferisches Werk bis Anfang 1985.

Kleine Schachbücherei
Band 21
Bauernendspiele
Prinzipien und Motive
152 Seiten
167 Diagramme

Die Prinzipien und Methoden des Bauernendspiels sind für jeden Schachspieler ein unentbehrliches Rüstzeug, denn dieser Endspieltyp kommt in der Praxis häufig vor. Dieser Leitfaden kann dazu verhelfen, Fehler und Fehleinschätzungen im Bauernendspiel zu vermeiden.

Kleine Schachbücherei
Band 22
Vladimir Budde / Jerzy Konikowski
Moderne Endspieltechnik
158 Seiten
80 Diagramme

Nachdem Vladimir Budde im Band 15 »Vom Mittelspiel ins Endspiel« die Voraussetzungen aufgezeigt hat, wann und wie man ins Endspiel abwickeln soll, vermittelt er hier zusammen mit seinem Co-Autor Jerzy Konikowski Endspielerfahrungen aus der aktuellen Großmeisterpraxis.

Kleine Schachbücherei
Band 23
Tim Hagemann
Frank James Marshall
ca. 100 Seiten
36 Diagramme und Tabellen

Frank James Marshall (1877–1944), amerikanischer Großmeister, zählte zu den ersten 5 Großmeistern der Schachgeschichte, war mehr als vier Jahrzehnte einer der größten. Sein Ruhm ist in seinem **Spielstil** begründet. An Eleganz, Listigkeit und Findigkeit waren seine Partien nicht zu überbieten. Seine größten Erfolge feierte er zwischen 1904 und 1913.

FIDE- Meister Vladimir Budde
Schachweltmeister Garri Kasparow
Eine Biographie mit den wichtigsten Partien
196 Seiten – 43 Fotos
104 Diagramme – 9 Tabellen
Beilage: Die kommentierten Partien des Schach-WM Revanchekampfs London–Leningrad 1986

Dieses Buch ist Garri Kasparow gewidmet, dem jüngsten Weltmeister der Schachgeschichte. Mit nur 22 Jahren hat er den Schachthron erklommen und ist damit als 13. Schachweltmeister in die Annalen der Geschichte eingegangen. Unmittelbar nach Beendigung des WM-Wettkampfes im November 1985 hat Vladimir Budde, der den Werdegang Kasparows von frühester Jugend an verfolgt hat, dieses Buch vollendet. Kasparows Lebensbiographie geht einher mit der Darstellung seines schachlichen Heranreifens. Wichtige Stationen, wie etwa der Gewinn der Juniorenweltmeisterschaft in Dortmund oder die ersten Erfolge bei den Landesmeisterschaften der UdSSR werden aufgezeigt, ebenso wie das Kräftemessen mit den Großmeistern der Weltelite.
Kasparow hat durch seine Ausstrahlung, seine sportlich-kämpferische Spielweise und mit seinem souverän-freundlichen Auftreten dazu beigetragen, daß der Schachsport wieder in aller Welt einen enormen Zuwachs an Popularität aufweisen kann und in den Medien größte Resonanz findet.
Kasparow ist ein Idol, wie es die Schachfreunde zuvor allenfalls in Bobby Fischer erblickten.

Hecht, Samarian
Klundt, Metzing
Schacholympiade Dubai 1986
ca. 160 Seiten
ca. 140 Diagramme
ca. 20 Fotos

Im Abstand von 2 Jahren treffen sich die Schachmeister aus verschiedenen Ländern irgendwo auf der Welt um Ihre Kräfte zu messen. Erstmalig wurde 1986 dieses größte Ereignis der Schachwelt in einem arabischen Land ausgetragen.
108 Herren- und 49 Damenmannschaften kämpften an den Schachbrettern um Plätze in der oberen Region zu erhalten. Die UDSSR setzte sich erwartungsgemäß an die Spitze. Ebenso bei den erstmals ermittelten besten Einzelspielern wurden bei den Damen und Herren die Plätze 1 und 2 von der Sowjetunion belegt.

W. Lauterbach
Alles über das Schachturnier
ca. 160 Seiten
DIN A 5, kart.

Ein Leitfaden für Turnierspieler und Turnierleiter mit den aktuellen einschlägigen Bestimmungen
Die Vielzahl der in aller Welt ausgetragenen Schachturniere bringen zahllose Probleme in der Struktur, der Organisation und den Spielbedingungen. Daß ein Schachturnier heute also dementsprechend seine eigenen sportlichen Streitfälle aufwirft, ist selbstverständlich. Auch die Organisationen bis hinauf zum Weltschachverband müssen regulierend geordnet sein.
Der Verlag bringt mit diesem Buch Orientierungshilfen für alle Turnierleiter und -spieler.

Aaron Nimzowitsch
Die Blockade
Neue Gesichtspunkte
52 Seiten
32 Diagramme
Kart., DIN A 5
Reprint einer Ausgabe von 1925

Vorliegendes Bändchen ist das Erstlingswerk eines der größten Schachmeister der Vergangenheit. Aaron Nimzowitsch (1886–1935) erläutert an Hand von Partiematerial aus seiner eigenen Praxis eines der wichtigsten Prinzipien der modernen Schachstrategie, die Blockade.

Gerhard Schmidt
Zentrumsformen
Strategie für die Schachpraxis
ca. 180 Seiten
180 Diagramme

Der frühere Nationaltrainer der DDR-Schachmannschaft legt hier nach 'Offenen Linien' und 'Bauernschwächen' sein drittes schachpraktisches Werk vor.

Aus dem Inhalt:

- Kontrolle des Zentrums
- Bauernketten im Zentrum
- Bewegliche Zentrumsbauern
- Offenes Zentrum
- Minoritätsangriff
- Partien mit Punktbewertung

Interessenten:

Turnier- und Hobbyspieler jeder Spielstärke